新版

平成29年・30年改訂 学習指導要領対応

省エネ行動
スタート→BOOK

松葉口玲子　三神彩子 監修

開隆堂

はじめに

　東日本大震災以降、気候変動による災害の増加や近年ではロシア・ウクライナ情勢等により、多くの人々が省エネ行動の必要性を痛感しているのではないでしょうか。身の周りでは省エネ型の家電製品や建築物などが急増していますが、どれだけの人が実際に省エネ行動を実践しているでしょうか。

　学習指導要領ではこれまでもエネルギー・環境問題の重要性を認識して主体的に行動する実践的な態度や資質・能力の必要性が明記されていましたが、新学習指導要領においてはますますその重要性が増しています。2015年に採択されたSDGs（持続可能な開発目標）でも、17あるテーマの一つにエネルギー（テーマ7）が盛り込まれています。

　本書は初版を、すでに米国に存在するNEED（National Energy Education Development）というエネルギーに関する体系的なプログラムにアイデアを得て発行しました。おかげさまで日本では珍しい省エネ行動に特化した書として好評を得ております。主として小学生を対象として作成しましたが、中学生・高校生でも十分活用できると高く評価していただきました。その後、新学習指導要領にも対応できるよう改訂版を発行し、「社会に開かれた教育課程」「主体的・対話的で深い学び（アクティブ・ラーニング）」「カリキュラム・マネジメント」等、学習指導要領で重視されているポイントは、この新版では、特にデータ部分を刷新するとともに、初版と同様に意識して作成しました。今求められている「主体的・対話的で深い学び（アクティブ・ラーニング）」と同時に、教育界に大きな影響力をもつOECDのPISAリテラシーといった動向をふまえ、また、「授業のヒント」では、学習活動をさらに深め、広げるアイデアを紹介してきました。

　そして今回、「気候危機」への対応が喫緊の課題とされる中で、さらにバージョンアップした本書を発行することとなりました。基本的に「家庭」の学習指導要領に対応した内容となっていますが、「社会」「理科」「総合的な学習（探究）の時間」などの授業においても有効に活用いただけるよう、それぞれの学習指導要領に対応する部分も示しております。授業の進め方に合わせ、さまざまな教科・場面でご活用いただければ幸いです。

　本書がきっかけとなり、省エネ学習が今後広まっていくことを願っています。

編集委員長 松葉口 玲子
（横浜国立大学 教育学部 教授）

本テキストの活用方法

❶展開事例
ワークシートを用いて、授業を行うための展開事例を掲載しています。

❷ポイント
今、重要視されているアクティブ・ラーニングのポイントを紹介しています。

❸授業のヒント
授業内容を深め、広げるためのアイデアを授業のヒントとして紹介しています。

❹教師用資料
授業を行うのに必要な、教師用の解説や、データ集です。

❺コラム
最新のトピックスがコラムとして掲載されています。

目　次

ボクたちと一緒に
勉強しよう！

❻児童用ワーク
このままコピーして（白黒も可）お使いいただけるワークシートです。

❼チェック欄
全ワークシートにチェック欄を設けました。児童自身による自己評価や、先生のチェックなど、様々にご活用ください。

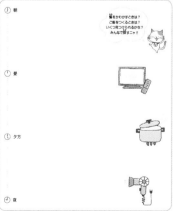

★4～5ページには各テーマがどのような授業で活用できるかを記載しています。

★74～75ページには省エネの学習に対して自分で成績表をつけることができるよう、省エネ成績表を作成しています。

★76～78ページにはコピーして使える空のワークシートやふりかえりシートがあります。

★79ページには、用語の説明や関連教材について紹介しています。

各教科との対応（小学校の例）

No.	テーマ		内容	対象学年
①	省エネについて 考えてみよう！	家庭	C 消費生活と環境　(2) 環境に配慮した生活	5・6年生
		国語	A 話すこと・聞くこと　B 書くこと	3・4・5・6年生
		社会	(2) 人々の健康や生活環境を支える事業について	4年生
		理科	A 物質・エネルギー	3・4・5・6年生
		生活・総合	全般	1・2・3・4・5・6年生
②	エネルギーは どこからくるの？	家庭	C 消費生活と環境　(2) 環境に配慮した生活	5・6年生
		国語	A 話すこと・聞くこと	3・4・5・6年生
		社会	(2) 人々の健康や生活環境を支える事業について	4年生
		理科	A 物質・エネルギー	3・4・5・6年生
		総合	全般	3・4・5・6年生
③	地球からのSOS	家庭	C 消費生活と環境　(2) 環境に配慮した生活	5・6年生
		国語	B 書くこと　C 読むこと	3・4・5・6年生
		社会	(1) 我が国の国土の自然などの様子	5年生
		理科	B 生命・地球　(3) 生物と環境	6年生
		総合	全般	3・4・5・6年生
④	家で使うエネルギーを はかってみよう！	家庭	C 消費生活と環境　(2) 環境に配慮した生活	5・6年生
		社会	(3) 地域の人々の生活にとって必要な飲料水, 電気, ガスの確保や廃棄物の処理	3・4年生
		理科	A 物質・エネルギー	3・4・5・6年生
		算数	A 数と計算	4・5・6年生
		総合	全般	3・4・5・6年生
⑤	暑い夏を すずしく過ごそう！	家庭	B 衣食住の生活　(4) 衣服の着用と手入れ (6) 快適な住まい方 C 消費生活と環境　(2) 環境に配慮した生活	5・6年生
		国語	A 話すこと・聞くこと	3・4・5・6年生
		理科	B 生命・地球　(2) 太陽と地面の様子	3年生
		道徳	A 節度・節制	5・6年生
		総合	全般	3・4・5・6年生
		特別活動	(2) 日常の生活や学習への適応及び健康安全	1・2・3・4・5・6年生
⑥	寒い冬を あたたかく過ごそう！	家庭	B 衣食住の生活　(4) 衣服の着用と手入れ (6) 快適な住まい方 C 消費生活と環境　(2) 環境に配慮した生活	5・6年生
		国語	A 話すこと・聞くこと	3・4・5・6年生
		社会	(1) 我が国の国土の自然などの様子	5年生
		理科	B 生命・地球　(2) 太陽と地面の様子	3年生
		総合	全般	3・4・5・6年生
		特別活動	(2) 日常の生活や学習への適応及び健康安全	1・2・3・4・5・6年生
⑦	お湯の上手な使い方	家庭	C 消費生活と環境　(2) 環境に配慮した生活	5・6年生
		国語	B 書くこと	3・4・5・6年生
		社会	(2) 地域の人々の生活	3・4年生
		理科	A 物質・エネルギー　(2) 金属、水、空気と温度	4年生
		生活・総合	全般	1・2・3・4・5・6年生
⑧	照明とテレビについて 考えてみよう！	家庭	C 消費生活と環境　(2) 環境に配慮した生活	5・6年生
		算数	A 数と計算	4・5・6年生
		総合	全般	3・4・5・6年生
		特別活動	(2) 日常の生活や学習への適応及び健康安全	1・2・3・4・5・6年生

No.	テーマ	教科	内容	対象学年
⑨	家にある 家電製品の使い方	家庭	C 消費生活と環境　(2) 環境に配慮した生活	5・6年生
		算数	A 数と計算	3・4・5・6年生
		理科	A 物質・エネルギー	3・4・5・6年生
		総合	全般	3・4・5・6年生
⑩	省エネ機器について 調べてみよう!	家庭	C 消費生活と環境　(2) 環境に配慮した生活	5・6年生
		社会	(3) 我が国の工業生産	5年生
		理科	A 物質・エネルギー	3・4・5・6年生
		総合	全般	3・4・5・6年生
⑪	食生活と 省エネのかかわり	家庭	B 衣食住の生活　(1) 食事の役割 C 消費生活と環境　(2) 環境に配慮した生活	5・6年生
		社会	(2) 我が国の農業や水産業	5年生
		理科	B 生命・地球　(3) 生物と環境	6年生
		総合	全般	3・4・5・6年生
		特別活動	(2) 日常の生活や学習への適応及び健康安全	5・6年生
⑫	エコ・クッキングに チャレンジ	家庭	B 衣食住の生活　(2) 調理の基礎　(3) 栄養を考えた食事 C 消費生活と環境　(2) 環境に配慮した生活	5・6年生
		国語	B 書くこと	5・6年生
		社会	(2) 人々の健康や生活環境を支える事業について	4年生
		算数	A 数と計算	5・6年生
		総合	全般	3・4・5・6年生
⑬	ごみを減らす工夫	家庭	A 家族・家庭生活　(2) 家庭生活と仕事 C 消費生活と環境　(2) 環境に配慮した生活	5・6年生
		国語	A 話すこと・聞くこと	3・4年生
		社会	(2) 地域の人々の生活にとって必要な飲料水, 電気, ガスの確保や廃棄物の処理	3・4年生
		理科	B 生命・地球　(3) 生物と環境	6年生
		生活・総合	生活：全般	1・2・3・4・5・6年生
⑭	水を使うときにできること	家庭	A 家族・家庭生活　(2) 家庭生活と仕事 C 消費生活と環境　(2) 環境に配慮した生活	5・6年生
		社会	(2) 人々の健康や生活環境を支える事業について	4年生
		理科	B 生命・地球　(3) 生物と環境	6年生
		算数	D データの活用	5・6年生
		総合	全般	3・4・5・6年生
⑮	火の使い方を 考えてみよう!	家庭	C 消費生活と環境　(2) 環境に配慮した生活	5・6年生
		社会	(2) 人々の健康や生活環境を支える事業について	4年生
		理科	A 物質・エネルギー	3・4・5・6年生
		総合	全般	3・4・5・6年生
		特別活動	〔学校行事〕健康安全・体育的行事	3・4・5・6年生
⑯	これからの省エネルギー	家庭	C 消費生活と環境　(2) 環境に配慮した生活	5・6年生
		社会	(3) 我が国の工業生産	5年生
		理科	A 物質・エネルギー	3・4・5・6年生
		総合	全般	3・4・5・6年生
⑰	昔の暮らしのよいところ	家庭	C 消費生活と環境　(2) 環境に配慮した生活	5・6年生
		社会	(4) 市の様子の移り変わりについて	3年生
		生活・総合	全般	1・2・3・4・5・6年生

出典：文部科学省「小学校学習指導要領(2017)」より作成

① 省エネについて考えてみよう!

学習のねらい ・家の中のどんなところでどんなエネルギーを使っているか理解する。
・省エネという言葉の意味を理解し、自分たちの生活の中でできることに気づく。

展開事例 (45分)

学習活動	○指導上の留意点 ※資料・教材
朝起きてから寝るまでに使っているエネルギーって何だろう?	
① 家でどんなエネルギーを使っているか考える (10分) ● 家の中のどんなところで、どんなエネルギーを使っているか確認する。 [個人検討⇒グループ検討⇒全体検討]	○家でエネルギーを使っているところに丸を付け、どこでどんなエネルギーを使っているか発表させる。 ※児童用ワーク **1**
② 「省エネ」という言葉の意味を考える (10分) ● 「省エネ」とは何かを理解し、自分たちにできることがあることに気づく。 [個人検討⇒グループ検討⇒全体検討] ● どこでたくさんエネルギーを使っているか確認する。 [全体検討]	○自分たちの暮らしとエネルギーが密接に結びついていることをイメージさせる。 ○化石燃料についてはp.13 **2** 参照。 ※児童用ワーク **2**
③ どんなときにどんな機器を使っているか考える (10分) ● 毎日使っている機器は全てエネルギーを使って動かしていることに気づく。 [個人検討⇒グループ検討] 	○朝起きてから夜寝るまでにどんなところでエネルギーを使っているか、グループごとに考えさせる。 ※児童用ワーク **3**
④ 振り返り (15分) ● グループ検討の結果を発表する。 [全体検討]	○グループごとに発表させる。 ※児童用ワーク **3**

図中の吹き出し:
- ご飯をつくるのにコンロを使う
- 車で買い物に行くとガソリンを使う
- 髪をかわかすとき
- 歯を磨くときに水を使う

Point 「アクティブ・ラーニング」のポイント

　自分の生活を振り返り、エネルギーをたくさん使っていることに気づき、エネルギー量をデータから確認し、自分の生活がエネルギーとどうかかわっているかを振り返ることで、自分が何をすればよいかにつなげることができる。個人検討、グループ検討、発表を通して、学び合うアクティブ・ラーニングを実践できる。

授業のヒント

　児童用ワーク **1** から、普段の生活がいかにエネルギーに依存しているかについて自覚することができる。その上で、「なくても生活できる機器はないか」について考え、どうしても必要な"NEEDS"と、欲望にもとづく"WANTS"があることに気づき、まずは"WANTS"を減らせば比較的容易に省エネにつながることを理解できるようにするとよい。

1 家で使われるエネルギー

電気やガス、ガソリンなどをエネルギーとして動く機器は、家庭にたくさんある。料理をするときに使うコンロ、お風呂のお湯を沸かすときに使う給湯器など、熱として使う場合は、主にガスをエネルギーとして使う。またテレビやパソコン、照明など光や動力には、主に電気をエネルギーとして使う。自動車は、ガソリンなどをエネルギーとして使う。エネルギーは、わたしたちの暮らしを支え続けている。

温水便座（電気）
車（ガソリン・電気）
エアコン（電気）
暖房機（ガス・電気・灯油）
パソコン（電気）

電子レンジ・炊飯器（電気・ガス）
換気扇（電気）
コンロ・オーブン（ガス・電気）
照明（電気）
流し・給湯器（ガス・電気・灯油）
冷蔵庫（電気）

洗面・給湯器（ガス・電気・灯油）
洗濯機・乾燥機（電気・ガス）
風呂・給湯器（ガス・電気・灯油）
テレビ（電気）
掃除機（電気）
床暖房（ガス・電気・灯油）

2 エネルギー消費量の内訳

エネルギーを何にどの程度消費しているかを把握することが、省エネの第一歩につながる。

右図からも動力・照明他、給湯、暖房に多く使われていることが分かる。

地域ごとにエネルギー消費量の割合は異なり、例えば北海道では暖房の割合が50％以上になる。

児童用ワーク2Qの解答

1番目：動力・照明他（冷蔵庫、テレビや照明などの家電）
2番目：給湯（お風呂や台所で使うお湯をつくるため）
3番目：暖房（床暖房やファンヒーターなど）
4番目：ちゅう房（ガスコンロや IH クッキングヒーター）
5番目：冷房（エアコンや扇風機など）

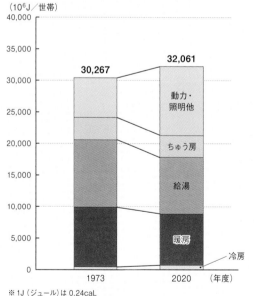

■世帯当たりのエネルギー消費量推移（全国平均）
（10^6J／世帯）

- 30,267（1973）
- 32,061（2020）

動力・照明他
ちゅう房
給湯
暖房
冷房

※1J（ジュール）は 0.24caL
出典：資源エネルギー庁「エネルギー白書2022」より作成

コラム

CCE（気候変動教育）

CE（気候変動教育）は Climate Change Education の略であり、「環境教育（EE:Environment Education）」や「持続可能な開発のための教育（ESD:Education for Sustainable Development）」の延長線上にあります。CCEの特徴はESDの一部でありながら、気候変動に特化している点です。また、CCEは気候変動に関する国際連合枠組条約第6条にも記載されており、持続可能な社会を構築するためには、気候変動問題を理解するだけでなく、どのように緩和・適応できるかを考え、実践できる人材を育成することが求められています。

省エネについて考えてみよう！

1 わたしたちが使っているエネルギー

わたしたちの暮らしは、身のまわりに電気やガスで動く道具が増えて、どんどん過ごしやすく便利になっているね。どんなところで、どんなエネルギー（電気・ガス・石油）を使っているか見つけてみよう！

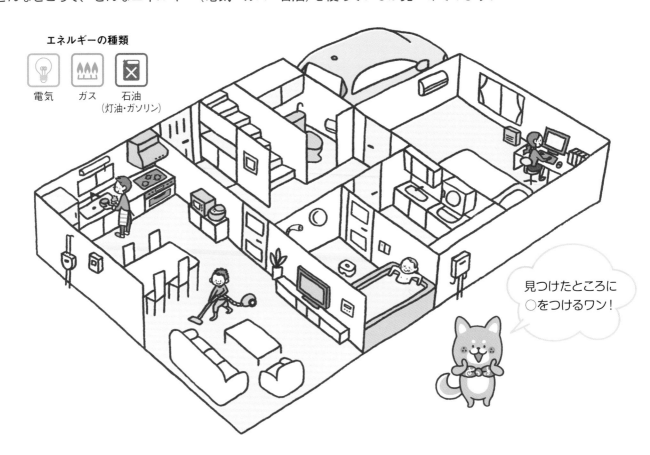

エネルギーの種類

電気　ガス　石油（灯油・ガソリン）

見つけたところに○をつけるワン！

2 エネルギーと省エネ

毎日の暮らしに欠かせない電気やガスは、主に石油や石炭、天然ガスなどの化石燃料を原料につくられているんだ。そして化石燃料を使えば使うほど、今、問題となっている地球温暖化が進むといわれているよ。むだをはぶいて上手にエネルギーを使う「省エネ」が必要なんだ。

Q どこでたくさんエネルギーを使っているかな？

1番目：

2番目：

3番目：

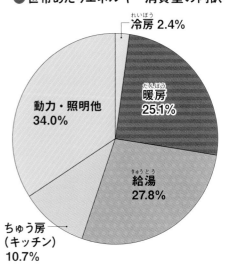

●世帯あたりエネルギー消費量の内訳

- 冷房 2.4%
- 暖房 25.1%
- 給湯 27.8%
- ちゅう房（キッチン）10.7%
- 動力・照明他 34.0%

出典：資源エネルギー庁「エネルギー白書2022」より作成

3 1日の生活をふり返ってみよう！

朝起きてから夜寝るまで、みんなはどんなときにエネルギーを使っているかな？
どうしても必要なものとそうでないものはあるかな？

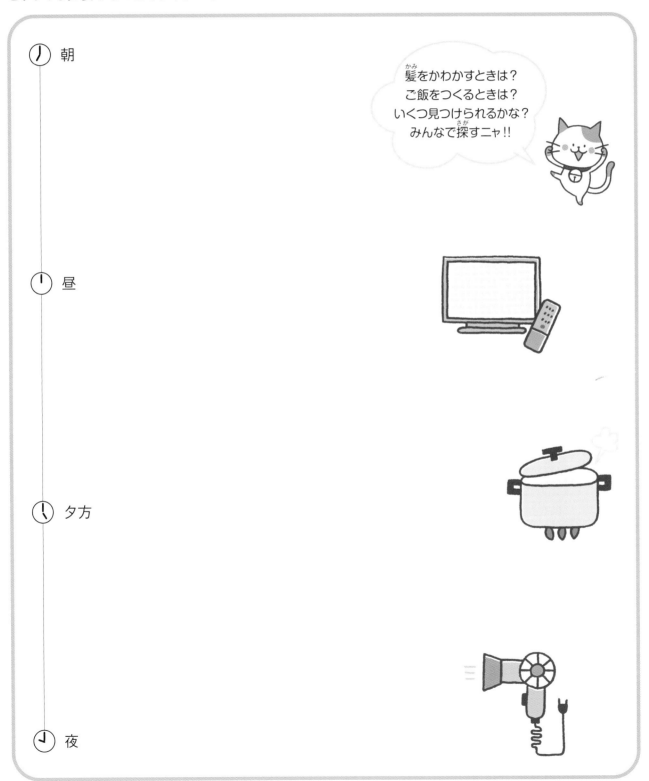

② エネルギーはどこからくるの?

学習のねらい	・日常生活で使われるエネルギーが何からつくられているのかを理解する。 ・エネルギー資源には限りがあることを知り、省エネ行動の大切さに気づく。

展開事例（45分）

学習活動	○指導上の留意点　※資料・教材
エネルギーは、どこからくるの?	
❶ エネルギーが何からつくられているかを考える（10分） ● 例えばお風呂や調理を例に、矢印をたどってみる。 ［個人検討⇒ペア検討⇒全体検討］	○事例（入浴、調理、照明等）を右から左へさかのぼって、そのエネルギーが何からつくられているか考え、発表させる。 ※児童用ワーク１
❷ エネルギー資源が限られていることに気づく（10分） ● 石油はこのまま使い続けていると約50年後にはなくなってしまうことに気づく。 ［全体検討］	○例えば50年後、自分たちが何歳になっているかを具体的に考えさせる。 ※児童用ワーク２
❸ エネルギーがないと困ることを考える（15分） ● 困ることを書き出し、グループで話し合う。 ［個人検討⇒グループ検討］	○エネルギーがないと困ることがたくさんあることから、省エネ行動の大切さに気づかせる。 ※児童用ワーク３
冷蔵庫の食べ物が悪くなる　トイレの水が流せない　料理がつくれない　部屋が暗い 	
❹ 振り返り（10分） ● グループごとに発表する。 ［全体検討］	○グループごとに発表させる。

Point 「アクティブ・ラーニング」のポイント

　エネルギーが何からつくられているかを生活から逆算し考え、自分の生活にとってエネルギーがどれくらい大切かを理解し、さらに、自発的に省エネ行動につなげるようにする。個人で検討したことをグループで共有し、それをもとに共に考えることで、より省エネの必要性について実感することができる授業となる。

授業のヒント

　教師用資料１２、児童用ワーク２から、エネルギー需給の重要性を理解できるようにするとよい。自分の家でエネルギー資源をどのように組み合わせて使っているかを調べ、データを読み解くことで、自分たちが目指すエネルギー資源の使い方を考えることにつなげられる。発展授業として、5年生の社会科・工業で、これからの交通手段にどのようなエネルギーを使うかについて考えてもよい。

1 エネルギー自給率

　国内で消費されている一次エネルギーのうち、自国で確保できる比率をエネルギー自給率という。1960年度には58.1%であった日本のエネルギー自給率は、高度経済成長期のエネルギー需要に合わせた石油の大量輸入により、それ以降大幅に低下した。

　現在では、石炭・石油だけでなく、オイルショック後に導入された液化天然ガス（LNG）のほぼ全量が海外から輸入されており、2020年度の我が国のエネルギー自給率（主に水力・地熱・太陽光・バイオマス等）は11.2%にすぎない。

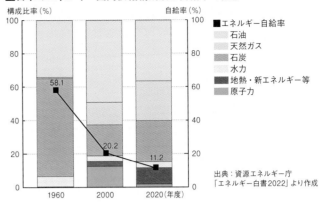

■日本のエネルギー国内供給構成及び自給率の推移

出典：資源エネルギー庁「エネルギー白書2022」より作成

2 世界のエネルギー消費量

　エネルギーの使われ方は、国や地域によって異なる。

　世界で最もエネルギーを使っている国は中国、アメリカ、EU、インド、ロシアの順で、日本は6番目となっている。資源の乏しい日本にとって、エネルギー資源の確保はとても重要であることが分かる。

　1人当たりの一次エネルギー消費量から見ると、カナダ、サウジアラビア、アメリカ、韓国、オーストラリアの順となっている。

　アメリカは、一次エネルギー消費量が世界の6分の1を占め、1人当たりの消費量も多い一方、中国はアメリカと比べて4倍以上の人口を抱えているため、1人当たりの消費量は少ない。

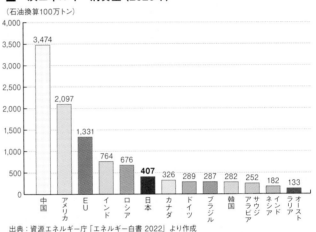

■一次エネルギー消費量（2020年）
（石油換算100万トン）

出典：資源エネルギー庁「エネルギー白書2022」より作成

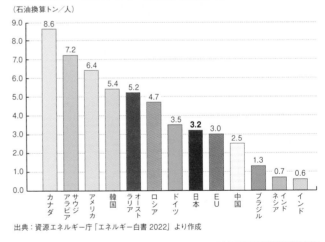

■1人当たり一次エネルギー消費量（2020年）
（石油換算トン／人）

出典：資源エネルギー庁「エネルギー白書2022」より作成

☝ ワンポイントアドバイス

一次エネルギー	二次エネルギー
自然界から直接得ることのできるエネルギー源	一次エネルギーから使い勝手のよいエネルギーに変換したもの
石油、石炭、天然ガス、原子力、風力、太陽光など	電気、都市ガス、灯油など

コラム

エコロジカル・フットプリント

　エコロジカル・フットプリント（Ecological Footprint／生態系への足跡）とは、私たちの生活がどれほど自然環境に依存しているかを、わかりやすく示した指標。私たちの暮らしに必要な食べ物、木材、エネルギーなどの生物資源をつくりだすために地球が何個分必要となるかという形で表す。具体的には、あるエリアの経済活動の規模を、土地や海洋の表面積（ヘクタール）に換算し、その面積を人口で割って算出する。

　これに基づき世界平均のエコロジカル・フットプリントを算出すると、2.8gha/人になる。さらにこのエコロジカル・フットプリントは増大し続けており、すでに現時点で、世界全体で地球が1.8個分必要な程の生物資源を消費している。

　一方、日本は4.6gha／人と算出され、世界中の人々が日本人のような暮らしをはじめると、地球が約2.9個必要ということになる。ここからみても省エネの大切さが感じられるだろう。

出典：Global Footprint Network 資料（2018）より作成

エネルギーはどこからくるの？

1 エネルギー資源とは？

一次エネルギーとは、天然ガスや石油、石炭などの化石燃料、水力・太陽光などの自然エネルギーや原子力のことだよ。
電気や都市ガス、ガソリンなどは二次エネルギーといって、一次エネルギーからつくられたものなんだ。

● 現在わたしたちの身近にあるエネルギー

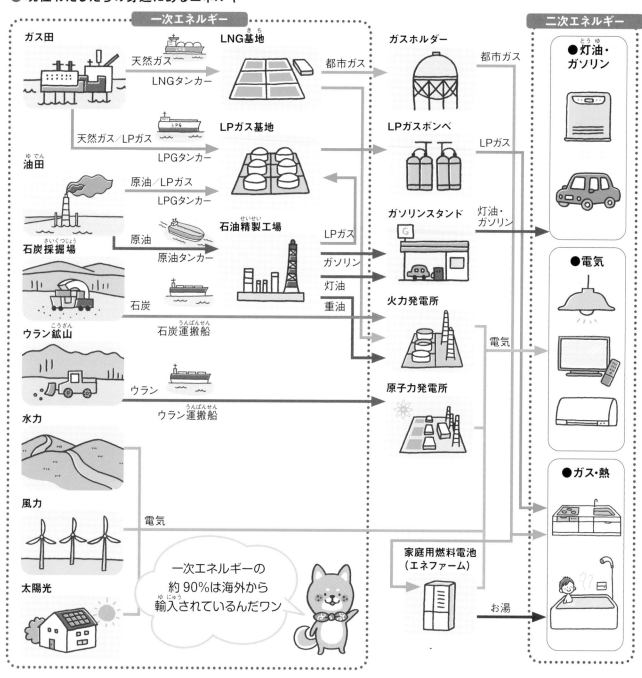

Q 暮らしの中で使っている電気、ガス、ガソリンは、どこからくるの？

2 限りあるエネルギー資源

石油や石炭、天然ガスなどの化石燃料は大昔の植物や動物の死がいが積もって、
長い年月をかけてつくられたんだ。
こうやって長い年月をかけてつくられた化石燃料は、人間の力では二度とつくれないよ。

●世界のエネルギー資源可採年数*
（2020年）

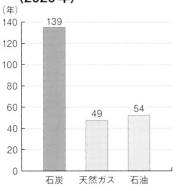

出典：資源エネルギー庁「エネルギー白書2022」より作成
＊現在資源を掘り出すことができると考えられている年数

Q 石油はあと何年採れるのかな？
　そのとき君は何歳かな？

　　　　　　　　　　　　　　　　　　年

　　　　　　　　　　　　　　　　　　歳

エネルギー資源には
限りがあるから、
大切に使わないと
いけないニャ。

3 エネルギーが使えなかったら困ること

エネルギーが使えなかったら、みんなの暮らしはどうなっちゃうのかな？
考えたことを書いてみよう。

ご飯が
食べられないのは
困るワン！！

③ 地球からの SOS

学習のねらい
・地球温暖化の原因とその影響について理解する。
・調べ学習を通し、自分の考えを新聞にまとめ、省エネ行動の大切さに気づく。

展開事例（45分）

学習活動	○指導上の留意点　※資料・教材
地球温暖化や気候変動って聞いたことがある？	
① 地球温暖化の原因を理解する（10分） ● 地球温暖化の原因は、自分たちがエネルギーを使うと発生してしまう二酸化炭素が問題だということに気づく。	○地球温暖化のしくみについて説明する。 ※児童用ワーク**1**
② 地球温暖化に伴う気候変動問題について考える（10分） ● 地球温暖化が引き起こす問題を理解し、自分たちの生活に影響があることに気づき、自分たちのできること（省エネ）を考える。 ［個人検討⇒全体検討］	○地球温暖化に伴う気候変動が引き起こす問題について考え、発表させる。 ※児童用ワーク**2**、教師用資料**2**

 台風が次から次へとくる。
 夏がすごく暑くて、たいへん。
 冬はあったかくなっていいなぁ。
大雨が多いよね。

学習活動	○指導上の留意点　※資料・教材
③ 新聞づくりの計画をたてる（20分⇒宿題等） ● 新聞のつくり方や調べ学習の方法を学び、新聞のタイトルや内容について考える。 ［全体検討⇒個人検討］	○新聞の作り方や調べ学習の方法を説明する。新聞を書くことにより、地球の問題も自分の問題として捉えられるように留意する。 ※児童用ワーク**3**、 　新聞用ワークシート（p.76）
④ 振り返り（5分）	○宿題の提出期限を確認する。

Point 「アクティブ・ラーニング」のポイント

　地球が変だと感じ、日本や世界で発生している異常気象のニュースをテレビや新聞で見たり、聞いたりする力を伸ばすとともに、情報を基にして考え、新聞に自分の考えをまとめ、人に伝えることができるようになる。新聞作りが基礎力・思考力・実践力の集大成となるよう留意することにより、達成感とともにセルフエスティーム（自尊心）を高めることができる。

授業のヒント

　教師用資料**1 2**から、地球温暖化の問題を理解するのに加え、新聞記事等を持ち寄り、地球が今、どうなっているかを話し合うことで、問題の大きさをより実感する授業ができる。発展授業として、6年生の理科で、生物がおかれている現状を調べ、考えることによって、地球温暖化が生き物へ与える影響について理解できるようにするとよい。

1 2050年カーボンニュートラルに向けて

地球温暖化の原因となっている温室効果ガス（二酸化炭素（CO_2）、メタン（CH_4）など）のうち、CO_2は最も量が多く温暖化への影響が大きい。産業革命以降、化石燃料の使用が増えた結果、大気中のCO_2の濃度も増加している。

日本は2030年度までに2013年度と比べて温室効果ガスを46%削減、家庭からのCO_2排出量を66%削減する目標を掲げている。さらに、2050年には温室効果ガスの排出を全体としてゼロにする、すなわちカーボンニュートラル、脱炭素社会の実現を目指す、としている。「排出量を全体としてゼロ」というのは、二酸化炭素をはじめとする温室効果ガスの「排出量*」から植林、森林管理などによる「吸収量*」を差し引いて、合計を実質的にゼロにすることを意味している。

*ここでの温室効果ガスの「排出量」「吸収量」とは、いずれも人為的なものを指す。

■大気中の二酸化炭素濃度の経年変化

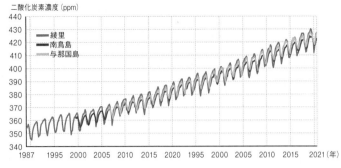

出典：気象庁「各種データ・資料」（2022）より作成

2 地球温暖化に伴う気候変動が引き起こす問題

水の問題

●海面が上昇する

地球温暖化によって海水が膨張し、過去100年で世界の平均海水面は20cm上昇した。南太平洋の島国では浸水が進み、海岸線が内陸へ入り込んでいる。国によっては、国土全体が海に沈んでしまう危険も増大している。

●暮らしのための水がなくなる

たくさんの人が、生活するための水を得にくくなる。特に、乾燥した地域に住む人や、氷河や雪に生活用水を頼っている人は被害を受けやすくなる。氷河や雪解け水から生活するための水を得ている人は、世界の人口の6分の1を占めている。

●洪水が起きる

山岳地域では、氷河が溶けることによって氷河湖ができ、それが決壊することで、大規模な洪水が起こりやすくなる。また、これらの山岳地帯は、世界の大河川の源流にあたるため、氷がなくなると、その河川の流域全体で水不足が起きるおそれがある。

●災害が増える

嵐や大雨などの異常気象が増えるため、沿岸地域では洪水や浸水の水害がひどくなる。特に人口が集中する都市域では、極端な降水や洪水、地滑り、大気汚染、干ばつおよび水不足が、私たちの生活にリスクをもたらす。

自然への影響

●生きものたちが消えてゆく

IUCN（国際自然保護連合）の2017年版「レッドリスト（絶滅のおそれのある種のリスト）」によると、地球温暖化が原因の1つとなって絶滅の危機に瀕している野生生物はホッキョクグマなどをはじめ、1,750種にのぼる。

●生態系が変化する

生育に適した気温や降水量のある地域に育つ植物は、気温や降水量が変化すると、生育域を変えざるを得なくなる。また、それに伴い、植物に依存して生きる動物も、生息域を変えなくてはならない。変化に対応できない種が減少・絶滅する可能性がある。

●海の生態系にも影響が

気温と同様に海の水温も上がるため、海の生きものも生息しにくくなる。特にサンゴは水温の変化に弱く、地域的に死滅する可能性が指摘されている。

●森林火災が増える

乾燥化が進む地域では森林火災が増え、野生生物の生息地が広く失われるおそれがある。

●湿地の自然がなくなる

主に海面の水位が上昇することにより湿原や干潟の塩分が濃くなり、世界の湿地環境が大幅に減少するとみられている。

暮らしへの被害

●農業に打撃

気温や雨の降り方が変わると、農作物の種類やその生産方法を変える必要がでてくる。特に経済力の無い小規模農家はこれらの変化に対応するのが難しいため、生産性が下がる可能性がある。

●病気や飢餓が広がる

食料の生産性が下がると、病気にかかる人や、飢餓状態に陥る地域が増える可能性がある。特に食料の生産性が下がるアフリカ地域で大きな影響がでると予想される。

●異常気象が襲ってくる

異常気象による熱波・洪水・干ばつ・森林火災などの自然災害が頻繁に起こり、被害に遭う人が増えると考えられている。

☝ ワンポイントアドバイス

新聞用ワークシート（p.76）は、児童が記入しやすいように拡大して使うとよい。

出典：WWFジャパンホームページ「地球温暖化が進むとどうなる？ その影響は？（2019）」およびIPCC「IPCC Sixth Assessment Report, Climate Change 2021」より作成

コラム

IPCC第6次評価報告書

IPCCとは、国連気候変動に関する政府間パネル（Intergovernmental Panel on Climate Change）の略。2021～2022年にかけて、温暖化による社会や自然への影響を評価した第6次評価報告書を発表。地球温暖化の原因が人間の活動であることに疑う余地がないと初めて断定し、温暖化が進むと猛暑や豪雨などの極端現象の頻度と強さが増すと指摘した。

地球からの SOS

1 地球温暖化のしくみ

家庭から出るCO₂（二酸化炭素）は、日本全体が出しているCO₂の約1/4。

わたしたちが、エネルギーを使えば使うほどCO₂が発生し、地球温暖化が進んでしまうよ。

それに、地球温暖化が進むと、わたしたちの暮らしにさまざまな影響があると言われているんだ。

●温室効果ガスが適度にある場合

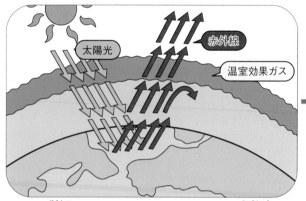

地表から放射される赤外線（熱）を温室効果ガスが吸収することにより、地表の温度が適度に保たれています。

●温室効果ガス（CO₂など）が増えると

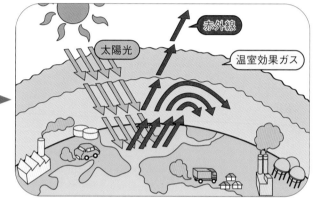

温室効果ガスが増えると赤外線の吸収量も増え、地球の温度が上昇します。

2 地球温暖化で起こること

地球温暖化が進むと、どんなことが起こるのかな？ 考えたことを書いてみよう。

わたしたちに
何ができるかニャ？

3　新聞にまとめよう！

地球温暖化の原因やそのしくみ、
そしてどんな問題が起きているのか、
どうして省エネが大切なのか、
自分で調べて新聞にまとめてみよう。

調べ学習で注意すること

①情報はだれがつくったものか確かめる
HP（ホームページ）管理者などの表示があるか確かめる。公的機関が運営するものや、公式HPであることが望ましい。

②いつの情報か確かめる
新しい発見や、社会的に大きな変化があった場合、情報も大きく変わる。統計の数値は、いつの時点でのデータかが重要となる。

③まとめるときには、出典を明らかにする
（サイト名とURL、HPの管理者など）
勝手に使うと「盗用」「盗作」になってしまうので注意する。

※検索するときには…
・キーワードは短く・単語で。
・検索結果が多すぎたら、単語を複数入れ絞り込む。
・欲しい情報が出てこなかったら、類義語や関連語をキーワードにして検索してみる。

リードでポイントを書き出すよ

グラフやイラスト、写真を使うとわかりやすいね

伝えたいことは何か

自分の取り組んでいることや気持ちも書こう

タイトルをしっかり書こう

新聞の名前を決めよう

作った人やいつ書いたものかを忘れずに

見出しは大切だよ

地球環境新聞

地球からのSOS！

発行　佐藤　湊
日付　9月15日

1891年～2021年において世界平均地上気温は0.73度も上がっている!!

1850年　2000年

私たちの住む地球は二酸化炭素をはじめとした温室効果ガスが増えたことが原因で、どんどんあたたかくなっているらしい。私たちの生活にも大きな影響があるんだって。

白クマくんも大ピンチ

野生動物は、絶滅するおそれがある動物だけじゃなくて、海の生物も植物も変化に対応できないよ。

なんと1750種

白クマくん

高温による生育障害で収穫量が減ってしまうって予測されているんだ。
日本のお米も西日本ではお米が食べられないなんて大変だ!!

ごはんが食べられない!?

CO₂減らすぞ!!大作戦

私たちにできること

学校と家で私たちにできることを考えたよ。みんなでやろうね。

学校でできること
・使っていない教室の電気は消す。
・ぼう具を大切に使う。
・水道の水で遊ばない。
・ごみの分別をする。

家でできること
・テレビやゲームは一日一時間減らす。
・シャワーは少し短くする。
・冷ぞう庫はむだに開けない。

がんばらないようにしなきゃね!

みんなに伝えよう

発表会で劇をしたよ!!

夏休みに、「エコ戦隊！地球を守る」という劇をしたよ。人間が生み出したものをエコ戦隊がやっつける話なんだ。劇を見た人から、「自分たち人間が気をつけなきゃいけないね。」とか、「これからは環境のことを考えて行動するよ。」とか、たくさん感想を言ってもらったよ。大切なことがみんなに伝わってよかった。

編集後記

この新聞をつくってはじめて地球温暖化について深く考えるここができました。地球があぶないということがよく分かったので、これから地球にやさしい行動をしたいです。

○私のエコ宣言○
『部屋の電気はこまめに消す』
今日から取り組みます!!

家で使うエネルギーをはかってみよう！

学習のねらい
・電気、ガス、水道メーターや、検針票から、使用量に関心をもつ。
・使用量から料金を計算することで、省エネが節約につながることを理解する。

展開事例 (45分)

学習活動	○指導上の留意点　※資料・教材
家で使うエネルギーは、どのくらいの量を使っているの？	
❶ エネルギーはどうやってはかっているのか考える (5分) ● エネルギーをはかるにはメーターがあることに気づく。 ［全体検討］	○メーターは主に下記のような場所にあることを知らせる。(マンション：メーターボックス(玄関脇)／戸建：家の周り(外))
❷ メーターの読み方を理解する (10分) ● 電気、ガス、水道に対応したメーターがあり、その見方を理解する。 ［個人検討⇒全体検討］	○電気、ガス、水道メーターの数字を読み取らせる。 ※児童用ワーク **1**
❸ 自分の家のメーターから使用量を確認する **(5分⇒宿題)** ● ワークシートの記入の仕方について理解する。 ［全体検討］	○メーターの読み取りの1回目と2回目は、1週間程度空けるとよい。メーターは、見つけにくい場合もあるため、無理しない範囲で確認するよう指導する。 ※児童用ワーク **2**
❹ ガスの使用量のお知らせ(検針票)の見方を理解する **(20分)** ● 前月と今月、昨年と比較し、どちらが使った量が多かったか、どうしてかを考える。 ［個人検討⇒全体検討］	○検針票の見方を理解させる。 ※児童用ワーク **3**
❺ 振り返り (5分) ● 自分たちがエネルギーのはかり方を学んだら、何がこれからできるかを考える。 ［全体検討］	○自分たちがどのようなエネルギーの使い方をしていけばよいかを考えさせる。

Point 「アクティブ・ラーニング」のポイント

　メーターや検針票を読み取り、使用量や料金を計算することで、数値を読み取る力と計算力を養うことができる。エネルギーの計測方法を知ることによりエネルギーに関心をもち、自分たちに何ができるかを判断し行動する力を身につけることができる。教室内での説明だけでなく実際にメーターを確認する体験により、実践しようとする態度を養うことができる。

授業のヒント

　教師用資料 **1** を使い、1年間で使用量が変化するエネルギーと変化しないエネルギーに着目することで、エネルギーの特徴を見ることができる。それぞれの特徴から、何が省エネにつながるのか判断する力を養う授業ができる。発展授業として、5年生の算数で学ぶ1m³を目で見ることができるように、モノサシ12本とガムテープで教材を自作する等、実感の伴う授業を展開することができる。

1 年間の光熱費の変化

　電気やガス、水道をどれくらい使っているのかを見てみると、光熱費に占める割合は電気が最も高く、夏と冬の2回ピークがある。一方、ガスは、気温・水温が低くなる冬にピークがくる。上下水道は年間を通して変化がなく、節水意識につながりにくい傾向がある。

■一世帯当たりの光熱費（全国平均）の月間推移（2021年）

(円)

	1月	2月	3月	4月	5月	6月	7月	8月	9月	10月	11月	12月	年計	月平均
電気	11,875	12,854	13,197	10,696	9,644	8,488	8,091	9,774	10,393	9,835	9,103	9,854	123,804	10,317
ガス	5,740	5,980	6,425	5,674	5,155	4,421	3,769	3,371	3,203	3,333	3,853	4,852	55,776	4,648
その他光熱(灯油など)	2,568	2,199	1,884	1,110	624	395	246	203	260	733	1,246	2,380	13,848	1,154
上下水道	5,214	5,558	5,894	5,318	5,350	5,443	4,992	5,704	5,500	5,175	5,619	5,173	64,940	5,412
合計(光熱・水道)	25,398	26,592	27,401	22,797	20,773	18,747	17,099	19,052	19,355	19,076	19,821	22,260	258,371	21,531

出典：総務省統計局　家計調査　統計データ「収入及び支出金額・名目増減率・実質増減率（二人以上の世帯）」より作成

2 家庭で使われるガスの量と気温・水温の関係

　家庭で使われるガスの量は、1年を通してみると、冬の寒い時期には多く、夏の暑い時期は少なくなっている。これは、寒いときには、ファンヒーター等の暖房機器の利用が増えることや、水温が低いため、お湯を沸かすのにより多くのガスが必要になるからである。ガスの使用量には、気温だけでなく水温も大きく関係する。

■ガス使用量（東京ガス）と気温・水温（東京都）の変化（2020年）

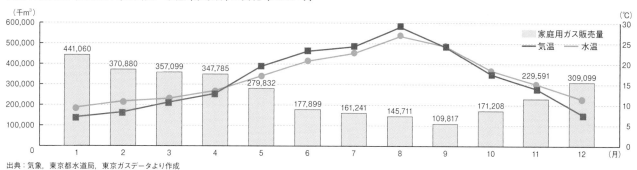

出典：気象，東京都水道局，東京ガスデータより作成

3 データについて

■算出時の使用数値

基本条件	水道の水温 **15℃**	お風呂の湯温 **40℃**		浴槽 **200L**
単位料金 （税込）	ガス **199.33** 円/m³	東京ガス㈱　供給約款　東京地区等　料金表B　2023年1月現在の 原料費調整後の単位料金		
	電気 **38.28** 円/kWh	東京ガス㈱　基本プラン　料金表　第2段階　2023年1月現在の 燃料費調整後の電力量料金		
	水道 **262.02** 円/m³	東京都水道局　2023年1月現在　東京都23区 メーター口径 20mm 25㎡使用した場合の水道料金		
CO₂ 排出係数	ガス **2.21** kg-CO₂/m³	東京ガスの都市ガス13Aの代表組成より算出　15℃ゲージ圧 2kPa		
	電気 **0.60** kg-CO₂/kWh	火力発電のCO₂排出係数　地球温暖化対策計画（令和3年閣議決定） における2030年度の火力平均係数		
	水道 **0.54** kg-CO₂/m³	環境省発表資料		

※ 1m³（立方メートル／リューベ），kWh（キロワット時／キロワットアワー）：1kWの電力を1時間消費したときの電力量

☝ ワンポイント アドバイス

この表は東京都をモデルとした場合の数値。電気料金、ガス料金、水道料金は地域ごとに異なるため、地域ごとの数値を確認して当てはめるとよい。

児童用ワーク1Qの解答

電気：1,394 kWh
ガス：5,498 m³
水：　699 m³

家で使うエネルギーをはかってみよう！

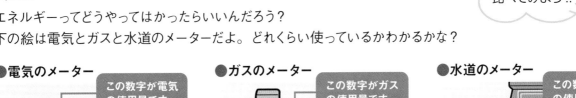

1 わたしたちが使っているエネルギー

みんなの家の
メーターと
比べてみよう!!

エネルギーってどうやってはかったらいいんだろう？
下の絵は電気とガスと水道のメーターだよ。どれくらい使っているかわかるかな？

● 電気のメーター

この数字が電気
の使用量です。

● ガスのメーター

この数字がガス
の使用量です。

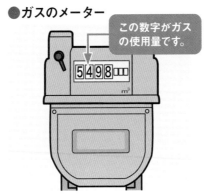

● 水道のメーター

この数字が水道
の使用量です。

Q 数字を読み取ってみよう。

電気：　　　　　　キロワット時
　　　　　　　　　kWh　　　　　ガス：　　　　　　m³　　　　　水：　　　　　　m³

2 自分の家のメーター

自分の家のメーターを見て、どれくらいエネルギーを使っているか確認してみよう。

● 1回目：　　　年　　　月　　　日の読み取り値

電気：　　　　　kWh　　　　ガス：　　　　　m³　　　　水：　　　　　m³

● 2回目：　　　年　　　月　　　日の読み取り値

電気：　　　　　kWh　　　　ガス：　　　　　m³　　　　水：　　　　　m³

● 1回目と2回目の差から、実際に使った量をはかろう。

電気：　　　　　kWh　　　　ガス：　　　　　m³　　　　水：　　　　　m³

Q いくら使っているか計算してみよう。（金額のめやす：電気40円／kWh、都市ガス200円／m³、水260円／m³）

電気：　　　　　kWh　×　　　　　円／kWh　＝　　　　　円

ガス：　　　　　m³　×　　　　　円／m³　＝　　　　　円

水　：　　　　　m³　×　　　　　円／m³　＝　　　　　円

3 使用量のお知らせ(検針票<ruby>けんしんひょう</ruby>)

検針票から、何がわかるかな? どこに何が書いてあるか見てみよう!!
今月の使用量と金額、それから前月の使用量と金額、昨年と比べてどうだったかな?

ご使用量のお知らせ

13A 45メガジュール	
供給地点特定番号	001-0001-0010-0100-10
お客さま番号	1001-001-0010

このお知らせではガス料金等をいただくことはありません。

このお知らせでは金融機関およびコンビニエンスストアでのお支払いはできません。

5年 1月分	パークタワーマンション Aトウ-2018
	東京　太郎　様
検針月日(日数)	1月13日 (35日)
ご使用期間	12月10日～ 1月13日
口座振替予定日	1月14日
ご契約種別	一般契約
ガスご使用量	30m³
請求予定金額	8,287円
(内消費税等)	781円
今回指示数	824
前回指示数	794
メーター番号	100-001-010
次回検針予定日	2月 8日
前年同月使用量	32m³ (30日)
前月使用量	31m³ (31日)

料金内訳
ガス基本料金	1,056.00円
ガス従量料金	5,979.90円
口座割引額	▲55 円
警報器リース料金	307 円
マイツーホー料金	500 円
スペシャルサポート等	500 円

●警報器リースの消費税率は、経過措置により2013年10月1日前契約分が5%、同日～2019年3月31日契約分が8%です。

当月適用単位料金 B表	199.33 円/m³
翌月適用単位料金	(単位:円/m³)

A (0m³～ 20m³)	193.80	D (201m³～500m³)	173.45
B (21m³～ 80m³)	178.95	E (501m³～800m³)	164.65
C (81m³～200m³)	176.75	F (801m³～)	156.95

TOKYO GAS

料金・お引越し等お問い合わせ 東京ガスお客さまセンター
（ご利用になれない場合）

ガスもれ時連絡先(24時間受付)

ガス機器修理等連絡先 東京ガスライフバルＸＸ

検針員 検針 花子

	受付時間
0570-XX-YYYY	月～土/9:00-19:00
03-XXXX-YYYY	日・祝/9:00-17:00
03-XXXX-YYYY	ガスもれ時24時間受付
03-XXXX-YYYY	

ガス料金等口座振替済領収証

お客さま番号	1001-001-0010
	東京　太郎　様
4年 12月分	領収金額 7,713円
ガス料金	6,406円
(内ガス料金分消費税等)	699円
スペシャルサポート等	1,307円

・上記金額を１２月１１日に領収いたしました。
・この領収証によりガス料金等をいただくことはありません。

東京ガス株式会社

印紙税申告納、税務署承認済、付にき芝 (印紙税申告納)

画像提供：東京ガス株式会社

電気や水道の
検針票も
見てみるニャ

Q 前月と今月、どっちが使った量が多かったかな?
昨年の同じ月とも比べてみよう。多かった理由がわかるかな。

前月と比べて:

昨年と比べて:

暑い夏をすずしく過ごそう!

学習のねらい	・夏にできる省エネ行動や緑のカーテン、クールビズについて理解する。 ・行動の工夫が、夏の省エネにつながることに気づき、実践する意欲をもつ。

展開事例（45分）

学習活動	○指導上の留意点　※資料・教材
暑い夏をすずしく過ごすためには、どうしたらいいかな?	
❶ 夏の省エネ行動のポイントをチェックする（10分） ● 個人でチェック後、自分で行っている省エネ行動を追加し、ペアで話し合う。 ［個人検討⇒ペア検討］	○ペアの人と同じところ、違うところを見て確認させる。 ※児童用ワーク**1**、教師用資料**1**
❷ 夏の省エネ行動のポイントを話し合う（10分） ● 夏にできる省エネの工夫について話し合うとともに、新たに追加した項目について全体で話し合う。 ［全体検討］  お庭に水をまく　早く寝て電気を消す	○全体の話し合いを板書する。省エネの効果も紹介しながら進める。 ※児童用ワーク**1**、教師用資料**1**
❸ 打ち水や緑のカーテン、クールビズについて理解する（10分） ● さらなる省エネ行動の取り組みとして、打ち水、緑のカーテン、クールビズについて理解する。 ［全体検討］	○打ち水や緑のカーテンについて説明し、洋服の工夫について、自分たちで考えさせる。 ※児童用ワーク**2 3**、教師用資料**2**
❹ 振り返り（15分⇒宿題） ● すずしく過ごすために自分たちにできることを話し合い、家の人と取り組む。 ［個人検討⇒全体検討］	○家庭での取り組みとなるように、家の人と話し合う機会を設ける。 ※児童用ワーク**4**

Point 「アクティブ・ラーニング」のポイント

　夏に取り組みたい省エネ行動のポイントをチェックすることにより、省エネ行動に注意を向け、さらに省エネ行動にむけた工夫について考えることができる。省エネ行動のポイントを知り、クールビズ等について理解し、話し合うアクティブな学習から、すずしく過ごすための行動につなげる。さらに学んだことを家の人と共有することで省エネ行動を広めることができる。

授業のヒント

　教師用資料**2**のクールビズに関連して、児童には学校にすずしい服装で来るように呼びかけ、その工夫やポイントを友達と紹介し合う「省エネファッションの授業」ができる。授業の振り返りでは、夏をすずしくする学級行動目標作りを行うことができる。発展授業として、夏の生活特集を省エネ新聞としてまとめ、校内や地域の公民館、消費生活センター等で掲示してもらい、省エネをしようと働きかける活動につなげてもよい。

1 省エネの工夫

・機器の使用時間を1日1時間短くする（年間）

機器	条件	削減量(kWh)	節約金額(円)	CO$_2$削減量(kg)
エアコン	冷房時室温28℃のめやす	12	460	7
パソコン	デスクトップ型	32	1,210	19
テレビ	液晶（32インチ）	17	640	10
照明	白熱電球（54W）	20	750	12
	蛍光灯（12W）	4	170	3

出典：東京ガス株式会社　都市生活研究所「ウルトラ省エネブック（2023）」より作成

🖐 ワンポイントアドバイス

打ち水は、江戸時代から取り組まれている。道や庭先などに水をまいて、ほこりを静めたり、すずしく過ごしたりするための工夫である。まいた水が蒸発するときに、地面の熱を奪うため、熱を取る（気温を下げる）効果がある。

・シャワーの時間を1分短縮する

1年間の削減量：30㎥（ガス）、15㎥（水道）　約9,700円

＊シャワー湯量 10L/分として、シャワーを5分流した場合と6分流した場合（4人分、365日）

・冷房の設定温度を2℃上げる

1年間の削減量：108kWh　約4,110円

＊冷房設定温度を26℃から28℃にした場合（1日9時間使用、112日（冷房期間3.6か月））

・冷蔵庫の設定温度を「中」にする

1年間の削減量：62kWh　約2,360円

＊周囲温度22℃で、設定温度を「強」から「中」に変更した場合（365日）

・冷蔵庫の開閉は最低限に

1年間の削減量：10kWh　約400円

＊冷蔵庫は12分ごとに25回、冷凍庫は40分ごとに8回で、開放時間はいずれも10秒の開閉を行った場合と、その2倍の回数を行った場合との比較（365日）

出典：東京ガス株式会社　都市生活研究所「ウルトラ省エネブック（2023）」より作成

2 クールビズ

　クールビズに適した開放性の高いデザインだけでなく、素材や織り方の工夫がされているものもある。古くからある麻、綿に加え最近では、触ったときにひんやりするすずしい素材（レーヨン、キュプラ等）や吸湿性や吸水性を向上させた素材（ナイロン、ポリエステルの混合素材）、織り方の工夫による高通気性素材等が出てきている。児童に自分の服のタグを調べさせるのも良い。また、首周りの広さなどのデザインの違いでも体感温度が変わってくる。

COOLBIZ

コラム　クールシェア

　クールシェアとは、暑いときはみんなでいっしょにすずしい場所に集まり、ゆったりとした時間を過ごすこと。クールシェアをするには自宅の他、クールシェアスポットを活用するとよい。
●家庭での取り組み：ひとつの部屋に集まる
各部屋のエアコンを使うのをやめて、居間に集まり他のエアコンを消したり、近所で集まっておしゃべりをしたり、趣味の時間をいっしょに過ごす。
●クールシェアスポット（公共）を活用する
図書館、美術館、スポーツ施設、カフェ、レストラン、遊園地、映画館などのすずしく過ごすことができる施設、緑地や公園等のすずしい場所を利用し、各家庭でのエアコン使用量を削減する。

 **ワークシート**

暑い夏をすずしく過ごそう！

打ち水って
すずしいニャ！！
夏にできる工夫って
いっぱいあるね！！

1 夏にできる省エネの工夫

暑い夏、みんなはどんな工夫をしているかな？　夏に取り組みたいことのうち、
できている項目にチェックを入れたら、次に家で取り組んでいることを書き出してみよう。

夏に取り組みたいこと	チェックボックス
室温は 28℃をめやすにし、冷やし過ぎない	✓
エアコンと扇風機を上手に使う	
レースのカーテン、すだれ、緑のカーテンで窓からの日差しをカットする	
昼間は電気を消して、夜は使っていない部屋の電気は消す	
シャワーはこまめに止める	
冷ぞう庫は何度も開けたり閉めたりしない	

2　緑のカーテン

緑のカーテンの表とうらとでは温度が3〜4℃は違うんだって。
ゴーヤや朝顔などのつる植物を育ててみよう。
窓辺に緑のカーテンをつくると夏の日差しがやわらぐよ。

ゴーヤでつくる
緑のカーテン、ワン！ダフル!!
ぼくは1つの苗から
25個も収穫したよ

チャレンジ1

● ゴーヤの成長記録をつけてみよう。
● 毎日の温度、成長の様子、実の成り方、収穫数を記録しよう。
● 5月〜6月上旬に苗を植えると、7月から収穫できるよ。

チャレンジ2

● 緑のカーテンができ上がったら、表とうらで温度をはかってみよう。
● 地面からの高さを変えて、いくつかのポイントではかろう。

3　クールビズにチャレンジ

クールビズとは、夏に冷房だけにたよらず、快適に過ごすために、
ネクタイと上着を着ないで仕事をしたり、うちわなどを上手に使って、
暑さを乗り切る取り組みだよ。会社に行く人たちの服装を観察してみよう。

Q 洋服での工夫で、自分たちにできることは何かな？

4　おうちの人と話し合おう

すずしく過ごすためにできることを話し合って、家でもやってみよう。

やってみたこと

感じたこと

寒い冬をあたたかく過ごそう!

学習のねらい ・暖房機器の種類や、断熱の必要性について理解する。
・行動の工夫が、冬の省エネにつながることに気づき、実践する意欲をもつ。

展開事例 (45分)

学習活動	○指導上の留意点　※資料・教材
寒い冬をあたたかく過ごすためには、どうしたらよいのかな?	
❶ 1年間では大きく気温が変化することを理解する（5分） ● 自分たちの住む地域の温度を確認する。 ［全体検討］	○自分たちの住んでいる地域の温度を示すとよい。地域によって差があることを理解させる。 ※児童用ワーク **1**
❷ どんな暖房機器を使っているか考える（10分） ● 暖房機器の種類を理解する。 ［個人検討⇒全体検討］	○暖房機器をどんな場所やどんなときに使っているかを考え、発表させる。 ※児童用ワーク **2**
❸ 家の断熱の必要性を理解する（10分） ● 家の開口部や外壁から熱が多く逃げていることを理解する。 ［全体検討］	○断熱の必要性を説明する。 ※児童用ワーク **3**、教師用資料 **2**
❹ 冬の省エネ行動のポイントをチェックする（10分） ● 個人でチェック後、自分で行っている省エネ行動を追加し、ペアで話し合う。 ［個人検討⇒ペア検討］	○ペアの人と同じところ、違うところを見て確認させる。 ※児童用ワーク **4**
❺ 振り返り（10分） ● 冬にできる省エネの工夫について話し合うとともに、新たに追加した項目について全体で話し合う。 ［全体検討］	○全体の話し合いを板書する。省エネの効果も紹介しながら進める。家で実践するよう促す。 ※児童用ワーク **4**

Point 「アクティブ・ラーニング」のポイント

自分はどのような省エネ行動をしているかをチェックし、寒い冬の過ごし方の工夫について考えることができる。省エネ行動のポイントについて理解し、話し合うことで、自分がどう関わることができるかを考え、行動につなげていく。「5.暑い夏をすずしく過ごそう!」とともに、個人や家庭だけでなく、学校での活動にも広げたい。

授業のヒント

教師用資料 **3** やコラムを活かして、「ウォームビズコンテスト」等を企画し、寒い冬をあたたかくする工夫ポイントを紹介し合い、その良い点を話し合って自分にできることはないか考える。あたたかくするための服装や暖房器具のアイデア等を出し合って、実際に実践してみる。発展授業として、「世界の家」をテーマに、家のつくりからあたたかくする工夫を学び、自分の家でも話し合って実際に省エネ行動につなげてもよい。

1 暖房機器の種類

暖房機器にはいろいろな種類がある。暖房機器の種類に応じて換気する等、使い方に注意することが必要である。
・エアコン《電気》
・床暖房《ガス／電気／灯油》
・ファンヒーター《ガス／電気／灯油》
・ストーブ《ガス／電気／灯油》
・オイルヒーターなどのヒーター《電気》
・ホットカーペット《電気》
・こたつ《電気》
・セントラルヒーティング《ガス／電気／灯油》
《》内は使用するエネルギー

■床暖房

床面全体からの「ふく射」「伝導」「対流」であたたかさが伝わる。熱は壁や天井に一度吸収され、再びふく射されるため部屋全体がムラなくあたたまる。

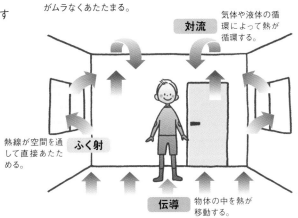

2 家の断熱性能をアップする工夫

・厚手で長いカーテンをつける
・窓ガラスに断熱フィルムをはる
・窓ガラス、サッシ、ドアを断熱性・気密性の高いものに取り換える
・壁や天井、屋根、床など、外の空気に触れる部分に断熱材を入れる
※断熱とは、外部との熱の出入りをさえぎること。

■ Low-E 複層ガラス

2 枚のガラスとその間にある中空層、内側にコーティングされた Low-E 膜でできている。中空層と Low-E 膜が熱を遮断するため、1 枚ガラスと比べて約 3 倍の断熱性能となっている。

断面図

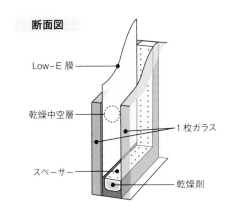

👆 ワンポイントアドバイス

同じサイズの鍋を 3 つ用意し、それぞれの鍋でお湯をわかし火をとめ、1 つの鍋はふたをして毛布にくるみ、1 つの鍋はふたをし、もう 1 つの鍋はふたをしないで 10 分おいたあと、お湯の温度がそれぞれ何度まで下がったか比較した。
- ●ふたをしない場合　　　　　　69℃
- ●ふたをした場合　　　　　　　90℃
- ●ふたをして、毛布でくるんだ場合　94℃

※直径18㎝のステンレス鍋で1Lの湯をわかした場合、同じ火力の火口を使用、室温 25.5℃・水温 21.0℃
出典：東京家政大学調べ

3 冬にできる省エネの工夫

項目	削減量		節約金額	CO₂削減量
暖房の設定温度を2℃下げる	ガス	35m³	6,910円	77kg
暖房は早めにスイッチを切る	ガス	6m³	1,210円	14kg
こたつは上がけと敷布団をセットで使う	電気	33kWh	1,240円	20kg
使わないときは温水洗浄便座のふたをする	電気	35kWh	1,340円	21kg

出典：東京ガス株式会社　都市生活研究所「ウルトラ省エネブック（2023）」より作成

児童用ワーク4の解答

・1つの部屋に集まって過ごす
・みんなで鍋を囲む
・おしくらまんじゅう
・湯たんぽ

❗ 自由な発想で、イメージを膨らませよう!!

コラム

ウォームビズとウォームシェアについて

環 境省では2005年度から、冬の地球温暖化対策の1つとして、室内での衣服の調節により、暖房時に室温 20℃で快適にあたたかく過ごすためライフスタイルとして「WARM BIZ」（ウォームビズ）を推進している。また、ウォームビズの一環として「WARM SHARE」（ウォームシェア）という家庭や地域で楽しみながら省エネに取り組むことを呼びかけている。1人ひとりが暖房を使うのではなく、家族や近所の人々と1つの部屋に集まったり、暖房を止めて街に出かけたりすることで、エネルギーの節約につながる。さらに発展し、あたたかい鍋を囲んであたたまろうといった取り組みも盛んになってきている。

WARMBIZ

寒い冬をあたたかく過ごそう！

1 1年間の気温の変化

自分たちの住んでいる地域の気温の変化を見てみよう。
みんなは寒いときにどんな工夫をしているかな？

●日本各地の月の平均気温の変化（2022年）

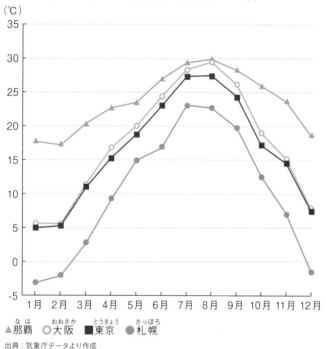

▲那覇　○大阪　■東京　●札幌

出典：気象庁データより作成

Q みんなの住んでいる地域の1年間の
温度を調べて、左のグラフと比べてみよう！

1月	℃	7月	℃
2月	℃	8月	℃
3月	℃	9月	℃
4月	℃	10月	℃
5月	℃	11月	℃
6月	℃	12月	℃

冬は寒いけど、
外を思いっきり走り回ると
あったかくなるから
気持ちいいワン

2 暖房器具いろいろ

みんなの家ではどんな暖房器具を使っているかな？　使っているものを書き出してみよう。

3 断熱の工夫

1枚多く洋服を着たり、暖房を使ったりするだけではなくて、家全体をあたたかくする工夫があるよ。
熱はどこから逃げていくのかな？

●冬の暖房時に熱が逃げる割合

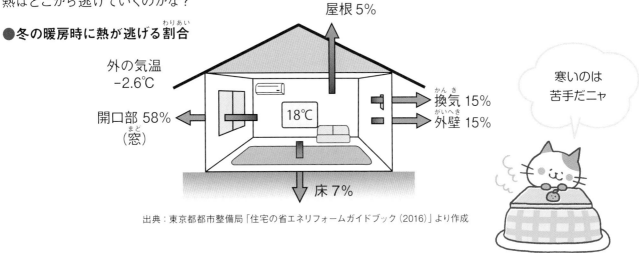

屋根 5%

外の気温
-2.6℃

換気 15%

開口部 58%
（窓）

外壁 15%

18℃

床 7%

寒いのは
苦手だニャ

出典：東京都都市整備局「住宅の省エネリフォームガイドブック（2016）」より作成

4 冬にできる省エネの工夫

寒い冬、みんなはどんな工夫をしているかな？　冬に取り組みたいことのうち、
できている項目にチェックを入れたら、次に家で取り組んでいることを書き出してみよう。

冬に取り組みたいこと	チェックボックス
暖房の温度を、2℃下げる	
出かけるときは、暖房のスイッチを早めに切る	
寒いときは、1枚多く着るようにする	
靴下、ひざ掛けなどを、上手に使う	
ドアや窓は、きちんと閉める	
暖房するときは、カーテンを閉める	

7 お湯の上手な使い方

展開事例（45分）

学習活動	○指導上の留意点 ※資料・教材
お湯はどうやってつくっているの？	
❶ **どんなときにお湯を使うのかを考える（10分）** ● 家の中で、どんなときにお湯を使うか考え、発表する。 ［個人検討⇒ペア検討⇒全体検討］	○自分の生活を振り返り、どんなときにお湯を使っているのか考え、発表させる。 ※児童用ワーク■1
❷ **水をお湯にするしくみを理解する（15分）** ● コンロとガス給湯器のお湯を沸かす仕組みを理解する。 ［全体検討］ ● お湯を上手に使う機器について知る。 ［全体検討］	○水温が低いほどたくさんのエネルギーが必要なことを説明する。 ※児童用ワーク■2、教師用資料■1 ○お湯をつくるところと使うところで、お湯を上手に使う機器を説明する。 ※児童用ワーク■3、教師用資料■2
❸ **お湯を使っている量からお湯の大切さに気づく（15分）** ● お風呂、シャワー、食器洗いで使用するお湯をペットボトルの本数に換算し、使っている量を実感する。 ［個人検討⇒全体検討］ ● 行動の工夫によって、お湯を上手に使う方法を考え、発表する。 ［個人検討⇒ペア検討⇒全体検討］	○ペットボトル1本分を2Lとして、お湯をどれくらい使っているのか計算させ、お湯を上手に使う工夫を発表させる。実際に2Lのペットボトルを用意するとよい。 ※児童用ワーク■4
❹ **お風呂に続けて入る取り組みを実践する（5分⇒宿題）** ● 家で行う取り組みを確認する。 ［全体検討］	○お湯の大切さに気付かせ、お風呂に続けて入ることは、省エネ行動となる事を理解させる。 ※児童用ワーク■5

Point 「アクティブ・ラーニング」のポイント

どんなときにお湯を使うのか、自分の生活から問題意識を引き出して考えを発表し、お湯を使っている量をペットボトルの本数に換算することで、自分たちが使っている水の量をイメージすることができる。お湯を上手に使う一例としてお風呂に続けて入る取り組みを行うことで、学んだことを積極的に実践しようとする力につなげる。このような体験学習を通して、実践の重要性に気づくことができる。

授業のヒント

児童用ワーク■1では、「どんなときにお湯を使うか」の問いかけに加え、「お湯が出るのは世界では普通なの？」と合わせて問いかけることで、自分たちの生活がいかに豊かさを享受しているかについて知ることができる。児童用ワーク■4では、お湯の大切さを知り、湯船のお湯だけでお風呂に入ることができるか考えてみるとよい。

1 年間の水温の変化

■水道水の水温（東京都庁付近）の最高・最低・平均値一覧（2020年度）

(℃)

月	4	5	6	7	8	9	10	11	12	1	2	3	年平均
平均	13.5	17.1	20.8	22.7	26.9	24.4	18.4	15.1	11.4	8.4	9.5	12.5	16.8
最高	14.9	18.8	22.6	23.8	28.3	27.0	21.6	17.2	13.7	9.4	11.5	15.5	28.3
最低	12.1	14.8	18.4	20.7	23.2	20.7	15.6	12.9	8.9	7.6	8.2	9.9	7.6

出典：東京都水道局データより作成

2 省エネ機器

①省エネ型の高効率給湯器

従来型の給湯器は、エネルギー効率が約80%だが、省エネ型の高効率給湯器のエコジョーズは、今まで捨てられていた排熱を再利用することで約95%にまでエネルギー効率が向上している。

②省エネ型の浴槽

浴槽の周りを断熱材でくるんだり、その断熱材を真空構造にしている浴槽がある。例えば4時間たってもお湯の温度が2.5℃しか下がらないものもある。

③節水型のシャワーヘッド

シャワーヘッドを節水型に交換するだけでお湯の使用量を30%以上減らすことができる。

④省エネ型の水栓

最近では、湯と水の切り替わりを音でわかるように工夫したエコ水栓が出てきている。

従来型のシングルレバー混合栓のレバーの中央部分は水とお湯が混ざっている。レバーを上げる位置によっては給湯器が作動している可能性がある。お湯が必要ないときにはレバーを「水」側に動かして使うとよい。

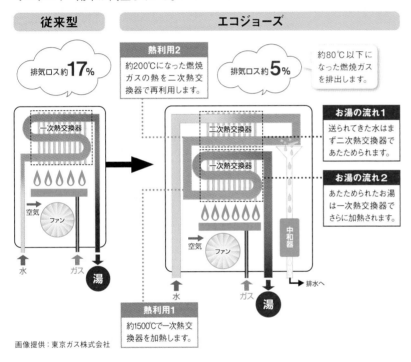

画像提供：東京ガス株式会社

3 お湯を上手に使う工夫

■お湯の使い方に関する省エネ行動とその効果（年間）

項目	削減量	節約金額	CO₂削減量	内容
お風呂のふたをこまめに閉める	ガス 20m³	4,040円	45kg	お風呂を沸かすときや入浴後はお風呂のふたを閉めることが大切。ふたをするとお湯が冷めにくくなるので、お湯を沸かすエネルギーが減らせる。
時間を空けずに続けて入浴する	ガス 16m³	3,170円	35kg	お風呂にふたをしても、湯音は2時間で2℃下がる。入浴時間にあわせてお風呂を沸かし、家族が続けて入浴すれば、沸かし直しは不要になる。
1日1人1分シャワーを短縮する	ガス 30m³ 水 15m³	9,700円	73kg	出しっぱなしにしがちなシャワー。ひとり1日1回1分（4人家族）、使用時間を短くするだけで省エネになる。小まめにお湯を止める習慣をつけることが大切。
お風呂の設定温度を下げる	ガス 13m³	2,650円	29kg	冬に入浴するときには、お風呂の設定温度を高めにしがち。設定温度を2℃下げ、約40℃に設定することで、約9%の省エネになる。
節水タイプのシャワーヘッドを使う	ガス 30m³ 水 15m³	9,700円	73kg	水を「出す/止める」を手元のスイッチで切り替える節水タイプのシャワーヘッドを使えば、使用時間が短くなり、水もガスも節約。
保温性の高い浴槽を選ぶ	ガス 27m³	5,360円	59kg	浴槽を買い替えるときには、保温性の高い浴槽を。お湯が冷めにくくなるので、足し湯や追いだきに使うエネルギーを減らすことができる。

出典：東京ガス株式会社 都市生活研究所「ウルトラ省エネブック（2023）」より作成

お湯の上手な使い方

1 どんなときにお湯を使う？

家で使っているエネルギーの約30% がお湯をつくるために使われているよ。
みんなはどんなときにお湯を使っているのかな？ 考えてみよう！！

書いてみよう！！

2 水をお湯にするしくみ

ガスコンロでお湯をわかすときには、やかんやなべに水を入れて火にかけるね。
給湯器でお湯をわかすときには、金属のパイプに水を流してガスの炎であたためることで、お湯になるんだよ。
お湯の温度を上げたいときには、ガスの量を増やして炎を強くするんだ。

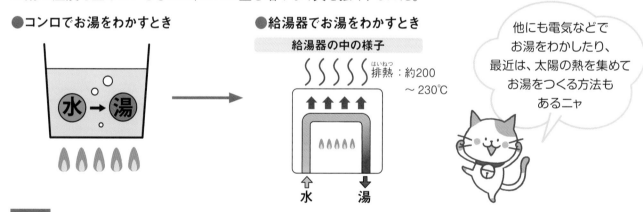

●コンロでお湯をわかすとき

水→湯

●給湯器でお湯をわかすとき

給湯器の中の様子

排熱：約200〜230℃

水　湯

他にも電気などで
お湯をわかしたり、
最近は、太陽の熱を集めて
お湯をつくる方法も
あるニャ

3 お湯を上手に使う機器

新しい機器には、お湯を上手に使う省エネの工夫がたくさんあるよ。探してみよう。

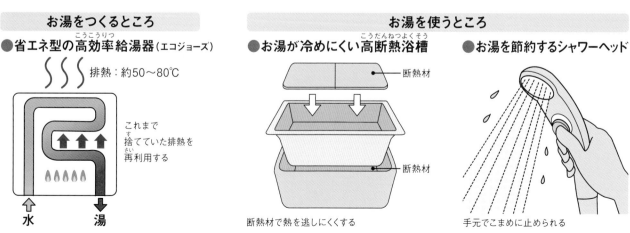

お湯をつくるところ

●省エネ型の高効率給湯器（エコジョーズ）

排熱：約50〜80℃

これまで
捨てていた排熱を
再利用する

水　湯

お湯を使うところ

●お湯が冷めにくい高断熱浴槽

断熱材

断熱材

断熱材で熱を逃しにくくする

●お湯を節約するシャワーヘッド

手元でこまめに止められる

年　　組　　番　名前　　　　　　　　　　　　　　　　月　　日

4 どれくらいお湯を使っている？

どれくらいたくさんのお湯を使っているか、ペットボトル（2L）何本分になるか考えてみよう。

●お風呂のお湯：約200L

●シャワー5分：約50L

●食器洗い10分：約100L

⇒ペットボトル　　　本分　　　⇒ペットボトル　　　本分　　　⇒ペットボトル　　　本分

お湯を上手に使うために、どんな工夫ができるかな？

---

5 お風呂に続けて入ろう!!

何時にだれがお風呂に入ったか、チェックしてみよう。
間を開けて入ると、冷めてしまったお湯を温め直すのにエネルギーが必要だよ。

● 何時にだれがお風呂に入ったか、チェックしてみよう

17:00	
19:00	
21:00	
23:00	

照明とテレビについて考えてみよう!

学習のねらい ・電気を上手に使うことについて理解する。
・つけっぱなしが多い照明とテレビに着目し、電気の上手な使い方を考える。

展開事例 (45分)

学習活動	○指導上の留意点　※資料・教材
自分の家では照明がどんなところに使われているのかな?	
① 自分の家のどこで照明が使われているか考える (5分) ● 照明のある場所を考え、発表する。 [個人検討⇒全体検討]	○照明のある場所と数の多さに着目させる。冷蔵庫など気づきにくいところの照明も意識させる。 ※児童用ワーク **1**
② 電球の違いを理解し、比較する (5分) ● 電球には、白熱電球、蛍光灯電球、LED電球があることを理解し、省エネ性を比較する。 [全体検討]	○ノーベル物理学賞の話などから照明の省エネ性について関心をもたせる。 ※児童用ワーク **2**
③ 照明を使うときの工夫を考える (10分) ● 照明を使うときに、工夫できることを考え、全体で話し合う。 [個人検討⇒ペア検討⇒全体検討]	○照明の使い方の工夫でできる省エネ行動を理解させる。 ※児童用ワーク **3**、教師用資料 **2**
④ テレビがエネルギーを使うことについて理解する (5分) ● 年間ではどれくらいの時間と電気使用量、金額になるかを理解する。 [個人検討⇒全体検討]	○テレビを見る時間から電気使用量を求め、金額に換算し、具体的な省エネ行動を考えられるようにさせる。 ※児童用ワーク **4**
⑤ 電気を上手に使うためにどんな工夫ができるか考え、これから取り組むことを決める (15分) ● 今日から自分たちが行うことをグループ単位で決める。 [グループ検討]	○グループごとに自分たちが取り組む行動を設定させる。 ※児童用ワーク **5**
⑥ 振り返り (5分⇒宿題) ● 今日から1週間、グループで決めた取り組みを続けることを確認する。 [全体検討]	○宿題の確認をする。 ※児童用ワーク **5**

Point 「アクティブ・ラーニング」のポイント

普段何気なく使用している照明とテレビに着目して多方面から検討することにより、生活の中での行動の工夫が省エネにつながることを理解する。テレビを見る行動を、時間、エネルギー、金額に換算し、理解を深め、実感をもって問題解決をする力を養い、自律的な活動につなげる。また、グループ単位で取り組む省エネ行動を設定し、共に協力することで社会の役に立つことを理解できる。

授業のヒント

児童用ワーク **1** で、普段の生活の中で「つけっぱなし」にしているものがたくさんあるのではないか? という点について検討することで、省エネ行動の第一歩に気づく授業となる。児童用ワーク **4** では、算数のかけ算によって自分の生活を振り返ることができる。省エネの発展学習として、「街灯の電気」を題材に、自分たちの住む町の中で、暗くなると自動的に明かりがつく街灯や太陽光を活用した街灯がある場所を調べることも可能であろう。

1 住宅用照明の省エネ比較

白熱電球、蛍光灯電球はイニシャルコストは安いが、ランニングコストで比較するとLED（Light Emitting Diode：発光ダイオード）電球が省エネであり、今後LED電球への移行が期待されている。

■白熱電球・蛍光灯電球・LED電球のコスト比較

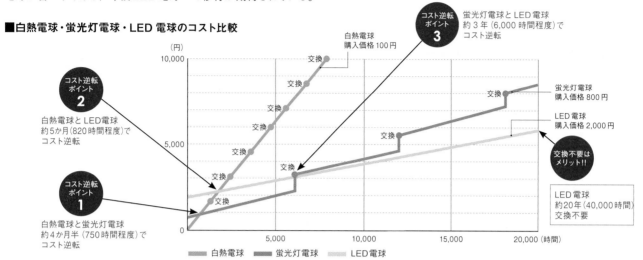

児童用ワーク 2 の解答

	LED電球	蛍光灯電球	白熱電球
価格（円）	1,000〜3,000	700〜1,200	100〜200
寿命（時間）	40,000	6,000〜10,000	1,000
エネルギー効率（lm/W）	90（9.4W、850lm）	68（12W、810lm）	15（54W、810lm）

※ lm/Wは、1W（ワット：電気の単位）当たりのlm（ルーメン：照明器具そのものの明るさ）を表す。値が大きい方が省エネ性が高い。

出典：経済産業省　総合資源エネルギー調査会　省エネルギー・新エネルギー分科会　省エネルギー小委員会
　　　照明器具等判断基準ワーキンググループ　最終取りまとめ（平成25年9月27日）より作成
　　　年間点灯時間2,000時間、電気料金22円／kWhとして計算

2 テレビの省エネ機能

最新型のテレビは、開発が進み、省エネになっている。液晶テレビの待機時の消費電力はプラズマテレビに比べて大幅に減少している。

パネルの高効率化

液晶テレビでは、LEDバックライトを採用するなどして、消費電力を削減。バックライトとは、液晶パネルの背面に光源として配置される照明装置のことで、テレビの消費電力の大きな部分を占めている。
　LEDバックライトは蛍光管のバックライトと比べて少ない電力で駆動するうえ、点灯のオン／オフを高速に行えるため、映像シーンに応じた発光制御が行いやすいという特長がある。

明るさセンサー

テレビを見る部屋の明るさをセンサーにより検知し、画面の明るさを自動調整し、むだに消費する電力を低減する。

無操作電源オフ・無信号電源オフ

一定の時間、テレビを操作しないでいると、電源が自動的に切れる。テレビ放送終了後など、番組が映らない状態が続くと自動的に電源が切れる。

オフタイマー・人感センサー

テレビの電源を切る時間を、タイマーで指定できる。テレビから離れたときやテレビの前で寝てしまったときなど、画面の前の人の動きを感知して、自動的に節電することができる。

照明オフ連動機能

部屋の照明が消えると、テレビの電源が自動的に切れる。

コラム

100万人のキャンドルナイト

夏至と冬至の夜、「でんきを消して、スローな夜を。」を合言葉に、夜8時から10時の2時間電気を消そうと呼びかける「100万人のキャンドルナイト」が2003年にスタートし、毎年多くの取り組みが各地で行われている。特に、2011年3月11日の東日本大震災は、この取り組みの意味を改めて思い起こす機会となった。震災から1年後の2012年3月11日には、全世界にキャンドルナイトを呼びかけようと多くの人が集まり、エネルギー問題や脱原発を考えたり、日本の農業や食べ物への思いを馳せたり、幸せについて考えたりと、100万人の100万通りのキャンドルナイトが各地で行われた。

 ワークシート

照明とテレビについて考えてみよう!

1 照明を使っているところ

どんなところで照明を使っているのかな? 考えてみよう。

2 電球の種類

2014年のノーベル物理学賞は、赤崎勇さん・天野浩さん・中村修二さんが受賞したよ。
3人の発明がきっかけで実用化されたLED電球は、白熱電球などに比べて少ない電力で光って、長持ち。
「省エネルギーで地球にやさしい明かり」として世界で急速に普及しているよ。
電球にもいろいろあるんだね。くわしく調べてみよう。

	LED 電球	蛍光灯電球	白熱電球
価格	円	円	円
寿命	時間	時間	時間

3 照明を使うときにできる工夫

むだに使っていないかな? 考えてみよう。

青色 LED の発明は
ノーベル賞。
すごいワン!

| 年 | 組 | 番 | 名前 | | 月 | 日 |

---

4 テレビを見る時間はどれくらい？

みんなは1日どれくらいテレビを見ているの？
テレビを見るときにもエネルギーを使っているよ。

Q 1年間でどれくらい？

時間	：	1日		時間	×	365日	=		時間／年
電気使用量：		1年		時間	×	0.05 kWh キロワット時	=		kWh／年
金額 きんがく	：	1年		kWh	×	40円／kWh	=		円／年

※テレビを1時間見るときのエネルギー量のめやすは 0.05kWh、1kWhは40円で計算

5 今日から取り組むこと

今日から取り組むことを決めよう。例えば、1日30分間テレビを見る時間を減らすとか、
人がいない部屋の電気をすぐに消すとか、具体的に書くといいね。

今日からこれをやるよ！！

●1週間続けてみよう！！

日にち	／	／	／	／	／	／	／
チェックBOX	✓						

家にある家電製品の使い方

学習のねらい ・身近な家電製品の消費電力、電力と電気使用量の違いについて理解する。
・待機電力を減らす工夫など、自分たちができる省エネ行動に取り組むことができる。

展開事例（45分）

学習活動	○指導上の留意点　※資料・教材
家にある家電製品をどのように使えば省エネができるかな？	

1 家にある家電製品をチェックする（10分）
● 自分の家にある家電製品をチェックし、話し合う。
［個人検討⇒ペア検討］

○消費電力の大きさと使う時間の長さなど機器ごとの特徴を理解させる。
※児童用ワーク **1**

2 電力と電気使用量について理解する（10分）
● 電力と電気使用量の違い、電気はためるのが難しく、節電が大切なことを理解する。
［全体検討］

○電力のピークを平準化することが節電につながることを理解させる。
※児童用ワーク **2**、教師用資料 **1 2 3**

3 待機電力について考える（10分）
● つけっぱなしと待機電力により多くのエネルギーが使われていることを理解する。
［全体検討］

○コンセントにつないでいるだけで待機電力を消費することに気づかせる。
※児童用ワーク **3**

4 自分たちにどんな省エネができるか考える（10分）
● 自分たちが使っている機器をグループごとに3つ選んで、どんな省エネができるか話合い、発表する。
［グループ検討⇒全体検討］

○自分たちにできる省エネ行動についてグループごとに発表させる。
※児童用ワーク **4**

 ドライヤーを使う前によくタオルで拭く

 温水洗浄便座のふたを閉めておく / エアコンのフィルターを掃除する

5 振り返り（5分）
● 他のグループの意見を聞いて感じたことをまとめる。
［個人検討］

○いろいろな省エネ行動に気づかせる。
※児童用ワーク **5**

Point 「アクティブ・ラーニング」のポイント

　家にある家電製品を動かす電気エネルギーは、貯めることが難しいことを理解し、電力と電気使用量の関係を理解することができる。また、ピークを平準化すれば省エネにつながることが分かる。待機電力を意識し、つけっぱなしをしないように、省エネ行動を引き出す。具体的な省エネ行動について皆で考えることによって、思考を深め、実践の機会を広げることができる。

授業のヒント

　家電製品という身近な素材から電気・電力の特徴について興味関心を引き出すことができる。導入として、「待機電力」からはじめるのも良い。自分の家で、待機電力を使っている機器を調べ、その内、主電源を切ったりプラグを抜いたりすることができるものがどれくらいあるか報告してもらうとよい。発展学習として、電力に関して新聞に書かれた記事を授業に生かすようにする授業づくりにつなげても良い。

1 家電製品の消費電力

　消費電力の大きい機器は一時的に消費電力を押し上げてしまう。そこで、後述するピークカット、ピークシフト対策として、電力消費のピーク時には下記の手段を取るとよい。
- ●カット（減らす）：消費電力を減らす（家電製品の無駄な使用を控える。消費電力が小さくなるような使い方をする）。
- ●シフト（ずらす）：電気使用量が多い時間帯を避ける。消費電力の大きい家電製品の同時使用を避ける。
- ●チェンジ（切替える）：他の方法に切り替える（省エネ型製品への買い替えや太陽光発電など自然エネルギーの利用）。

出典：東京都「家庭の省エネハンドブック（2021）」より作成

2 電気は貯められない？

　電気はそのままの状態では貯めておくことが難しい。そのため、電気が必要なときに，すぐ使えるようにするためには、需要の変化に合わせ、さまざまな発電方式を組み合わせて対応する必要がある。

　このような電力需要の負荷変動に対応するために、発電所では図のような運転方式をとっている。そのため、電力需要の少ない時間帯や季節には、発電所を止めるなどして調整することになり、このとき、発電方法の特性によって出力調整や停止のしやすさに違いがある。

　水力発電所は、水門の開閉で運転開始や停止ができるが、原子力発電所は開始・停止に膨大なコストがかかるため通常停止することはない。一方、火力発電所は出力の調整がしやすい。

　需要の変化は主に石油、LNG（液化天然ガス）の火力発電で調整しているため、変則的で効率の良くない運転となっている。そこで、ピークカットやピークシフトにより、ピークを平準化（ピーク（山）を平らにする）することが重要となる。

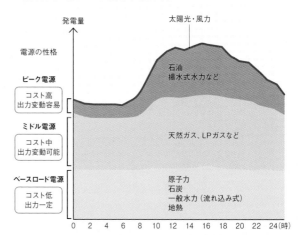

■需要に合わせた電源の組み合せ

出典：電気事業連合会「電気事業のデータベース（INFO BASE 2021）」より作成

3 ピークカットとピークシフト

　ピークカットとは、電力需要のピークを低く抑えるように電力消費を制御することをいう。ピークシフトとは、ピーク時の電力使用を別の時間帯にシフトさせることをいう。例えば、ピーク時に太陽光発電や家庭用燃料電池（エネファーム）で自家発電した電気を使用することで、電力供給全体のピークの平準化につなげられる。また、デマンドレスポンス（＊）等で消費電力を制御することも、ピークカット／ピークシフトに有効な手段だと考えられる。

（＊）デマンドレスポンス：消費者が需要量を変動させて電力の需給バランスを一致させること。

4 待機電力とは

　コンセントにつないでいるだけで消費する待機電力。世帯あたりの平均待機電力量は年間228kWh（電気料金換算で約8,700円）で全消費電力量の約5％に相当する。以下の3ステップに順に取り組めば、トータルで待機電力を約49％まで削減することができる。

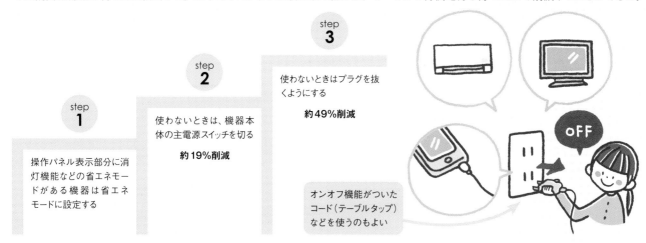

出典：資源エネルギー庁「平成24年度エネルギー使用合理化促進基盤整備事業（待機時消費電力調査）報告書概要」より作成

家にある家電製品の使い方

1 家にある家電製品 ※（ ）内は消費電力

みんなの家ではどんな家電製品を使っているかな？
家で使っているものにチェックを入れて、それぞれの消費電力（W：ワット）を確認しよう。

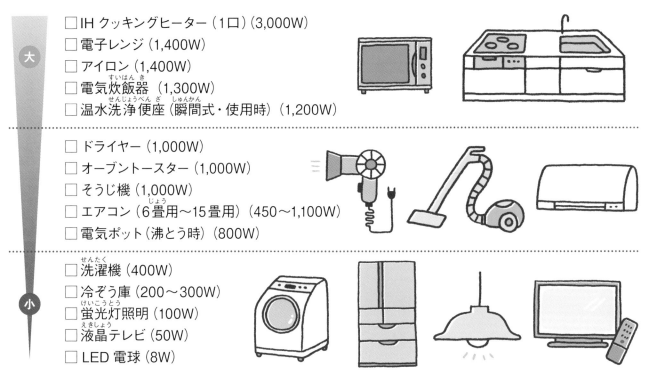

大
- □ IH クッキングヒーター（1口）（3,000W）
- □ 電子レンジ（1,400W）
- □ アイロン（1,400W）
- □ 電気炊飯器（1,300W）
- □ 温水洗浄便座（瞬間式・使用時）（1,200W）

- □ ドライヤー（1,000W）
- □ オーブントースター（1,000W）
- □ そうじ機（1,000W）
- □ エアコン（6畳用〜15畳用）（450〜1,100W）
- □ 電気ポット（沸とう時）（800W）

小
- □ 洗濯機（400W）
- □ 冷ぞう庫（200〜300W）
- □ 蛍光灯照明（100W）
- □ 液晶テレビ（50W）
- □ LED 電球（8W）

出典：東京都「家庭の省エネハンドブック（2021）」より作成

2 電力と電気使用量の違い

みんなが使う家電製品は電気で動くよ。その力の大きさが電力（kW*：キロワット）。
発電や電気の消費のその時々の大きさのことでグラフの高さで表すことができるよ。
使った電気の量を知るときには、電気使用量（kWh：キロワット時）といって、
グラフの面積で示すことができるよ。 *1kW = 1,000W

電気はためるのが
難しいから、使う量に合わせ
て用意するんだワン。
図の中の山の高いところを
減らすことが大切だよ

電力（kW）×時間（h）= 電気使用量（kWh）

●電力の1日の消費パターンから見る電力と電気使用量

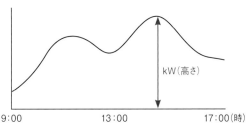
kW（高さ）
9:00　　　13:00　　　17:00（時）

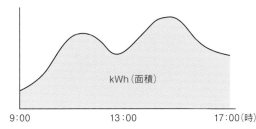
kWh（面積）
9:00　　　13:00　　　17:00（時）

出典：資源エネルギー庁「省エネポータルサイト」より作成

3 待機電力を減らそう！

機器を使ってないのに、使われている電気を待機電力というよ。
ステップ1から順番に取り組んでみよう。

ステップ **1**
● 省エネモードにする

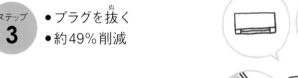

ステップ **2**
● 主電源のスイッチをオフ
● 約19%削減

ステップ **3**
● プラグを抜く
● 約49%削減

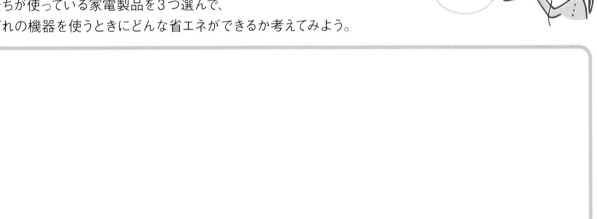

4 省エネの工夫

自分たちが使っている家電製品を3つ選んで、
それぞれの機器を使うときにどんな省エネができるか考えてみよう。

5 みんなの意見からピックアップ

他の人の意見を聞いて、感じたことや参考になったことをメモしよう

⑩ 省エネ機器について調べてみよう!

学習のねらい	・省エネラベルの見方を理解し、省エネ性能を比較検討できる。 ・太陽光発電と家庭用燃料電池の特徴を理解し、省エネ性能に気づく。

展開事例（45分）

学習活動	○指導上の留意点　※資料・教材
省エネラベルを知っているかな？	
1 省エネラベルについて理解する (10分) ● 省エネラベルからどんなことが分かるか考える。 [個人検討⇒ペア検討⇒全体検討]	○省エネトップランナー制度と省エネラベルについて説明する。 ※児童用ワーク **1**、教師用資料 **1 2**
2 実際のラベルを確認する (10分) ● どんなことがラベルに書かれているか考える。 [個人検討⇒全体検討] 星4つだから省エネ性が高そう　1年間で7,000円だ	○統一省エネラベルの見方を理解させる。 ※児童用ワーク **2**、教師用資料 **3**
3 家電製品売り場で省エネラベルをチェックする (10分⇒宿題) ● 実際に家電製品の売り場で省エネラベルをチェックしてみる。 [全体検討⇒宿題]	○事前に家電売り場に行く宿題を出す、もしくは、家電売り場で撮ってきた写真やチラシを教材としてもよい。 ※児童用ワーク **3**
4 新しい省エネ機器について理解する (10分) ● 太陽光発電と家庭用燃料電池 (エネファーム) について理解する。 [全体検討]	○家庭用燃料電池は、「エネファーム」という統一名称で国が普及・促進をはかっている。「⑯これからの省エネルギー」(p.66) でもエネファームの説明がある。 ※児童用ワーク **4**
5 振り返り (5分) ● [全体検討]	○全体のまとめをする。

Point 「アクティブ・ラーニング」のポイント

省エネラベルからどんなことが分かるか考え、家電製品の売り場で省エネラベルをチェックしてみる。「省エネルギーラベリング制度」をどのように生かせば省エネができるかについて考え、省エネ行動の実践につなげる。家庭用燃料電池が化学反応によって実現できることを知ることで、学びの意義（知識を生活に活用する重要性）を認識できる。

授業のヒント

児童用ワーク **1 2** を使用して、「省エネを考えて家で使う機器を買おう」というテーマを設定し、製品の省エネラベル3枚程度を比較し、自分だったらどの製品を買うか決め、その製品を買う理由を書き出してペア学習・全体学習に活かす。その際、ラベルにさらに盛り込んだ方が良い情報についても考えられるとよい。発展学習として、実際に家電製品売り場を「社会見学」し、ラベルに追加すべき情報を店舗に提案すると意識が高まる。

1 省エネトップランナー制度について

　省エネトップランナー制度とは、省エネ法に基づくエネルギー消費効率基準の策定方法で、機器のエネルギー消費効率（省エネ性能）を、「現在商品化されている製品のうち最も優れた機器（トップランナー）以上にする」というもの。製造事業者などには基準を遵守する義務が課され、現在では32機器が対象となっている（2022年12月現在）。

■トップランナー対象機器

1. 乗用自動車　2. エアコンディショナー　3. 照明器具　4. テレビジョン受信機　5. 複写機　6. 電子計算機　7. 磁気ディスク装置　8. 貨物自動車　9. ビデオテープレコーダー　10. 電気冷蔵庫　11. 電気冷凍庫　12. ストーブ　13. ガス調理機器　14. ガス温水機器 15. 石油温水機器　16. 電気便座　17. 自動販売機　18. 変圧器　19. ジャー炊飯器　20. 電子レンジ　21. DVDレコーダー　22. ルーティング機器　23. スイッチング機器　24. 複合機　25. プリンター　26. ヒートポンプ給湯器　27. 交流電動機　28. 電球　29. ショーケース　30. 断熱材　31. サッシ　32. 複層ガラス

2 省エネラベルについて

　省エネルギーラベリング制度は、家庭で使われる製品について、国の省エネルギー基準を達成しているかどうかをラベルに表示するもので、省エネ基準を達成した製品には緑色のマーク、達成していない製品には橙色のマークが表示される。

　緑色のマークで、省エネ基準達成率の数字が大きいほど、省エネ性能がすぐれた製品といえる。カタログや製品本体などに表示されているので、選ぶ際の目安にするとよい。

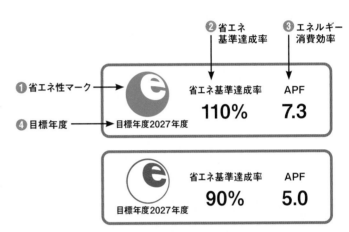

❶省エネ性マーク	省エネ基準を達成した製品には緑色のマーク、達成していない製品にはオレンジ色のマークを表示。
❷省エネ基準達成率	省エネ基準をどの程度達成しているかを%で表示。
❸エネルギー消費効率	トップランナー制度における評価指標に基づいた省エネ性能値。
❹目標年度	省エネ基準達成の目標時期で、製品毎に設定されている。

3 統一省エネラベルについて

　エアコン、冷蔵庫、冷凍庫、テレビ、電気便座、蛍光灯器具、電気温水機器、ガス・石油温水機器については、「多段階評価点」「省エネルギーラベル」「年間目安エネルギー料金」を組み合わせた「統一省エネラベル」による表示を定めている。

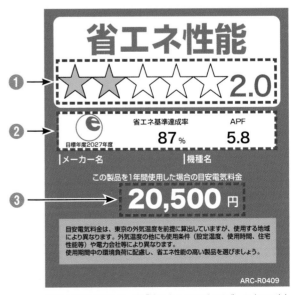

❶多段階評価点	市場における製品の省エネ性能を高い順に5.0〜1.0までの41段階で表示する。
❷省エネラベル	省エネラベリング制度。 2 を参照。
❸年間の目安エネルギー料金	一定の条件下で使用した場合の年間の目安エネルギー料金

出典：資源エネルギー庁「省エネラベルガイドブック（2022）」

 **省エネ機器について調べてみよう！**

1 省エネラベルの見方

みんなは省エネ機器を選ぶときに役に立つ省エネラベルって知っているかな？
エアコン、冷ぞう庫、テレビ、照明器具、電気便座、ストーブなどの
21品目に表示（2022年10月現在）されている省エネラベルを見てみよう。

ラベルの色が違うね！
左は緑、
右はオレンジだワン！

 省エネ基準達成率 **110%** APF **7.3** 目標年度2027年度

 省エネ基準達成率 **90%** APF **5.0** 目標年度2027年度

このラベルからどんなことが分かるかな？

2 実際のラベルをチェック

このラベルの名前は「統一省エネラベル」だよ。
省エネラベルの情報に加えて、星がついているね。星の数が多いほど省エネなんだよ。

このラベルからどんなことが分かるかな？

出典：資源エネルギー庁「省エネラベルガイドブック（2022）」

3 家電製品売り場に行ってみよう!!

実際に家電製品の売り場で、省エネラベルや価格をチェックしてみよう。
自分で機器を決めて、できるだけ容量やサイズが同じものを 2 つ比べてみよう!!

調べた機器		
メーカー・機種名		
容量・サイズ		
省エネ性能の星の数は?	個	個
eのマークは何色?		
省エネ基準達成率は何パーセント?	％	％
1 年間のめやす電気料金	円	円
販売価格	円	円

4 新しい省エネ機器 — 太陽光発電と家庭用燃料電池

太陽光発電は、太陽光を使って自宅で電気をつくることができるよ。
家庭用燃料電池は、都市ガスなどを燃料として、自宅で電気をつくるときに出る熱を利用して、
お湯を一緒につくりだす環境にやさしいシステムだよ。
発電所から出る熱は遠く離れた場所まで運べないので、
海や大気中に捨てられているけれど、自分の家で発電すると省エネだね。

家庭用燃料電池は
エネファームと
呼ばれているニャ

太陽光発電

電気

電気

貯湯
ユニット

給湯

酸素

燃料電池
ユニット

水素

水　熱

家庭用燃料電池（エネファーム）

食生活と省エネのかかわり

展開事例 (45分)

学習活動	○指導上の留意点　※資料・教材
毎日の食事と環境問題は、どうつながっているのかな?	
❶ 毎日の食事と環境問題とのつながりを理解する(15分) ● 食卓を見て、食事と環境問題のつながりについて考え、発表する。 [個人検討⇒ペア検討⇒全体検討]	○私たちの便利な食生活が、エネルギー問題やごみ問題とつながっていることを理解させる。 ※児童用ワーク **1** 、教師用資料 **2**
❷ 食べ物がどうやって食卓に届くのか理解する (10分) ● 届くまでの過程から、いろいろなところでエネルギーが使われていることを理解する。 [全体検討]	○食べ物を生産、加工、輸送するために、たくさんのエネルギーが使われていることに気づかせる。 ※児童用ワーク **2**
❸ エコ・クッキングについて知る (10分) ● エコ・クッキングは環境のことを考えて買い物・調理・片づけをすることだと理解し、自分たちにできる工夫があることに気づく。 [全体検討]	○エコ・クッキングのポイントを、実際の生活の中から理解させる。 ※児童用ワーク **3**
❹ 振り返り (10分) ● 自分たちにできることを考える。 [グループ検討⇒全体検討]	○具体的な行動を考えさせ、実践してみるよう促す。 ※児童用ワーク **3**

旬の食材を使えばエコになる

なべのふたは閉める

野菜は丸ごと使いたい

給食は残さない

Point 「アクティブ・ラーニング」のポイント

　毎日の食事が環境問題につながっていることについて理解するために、食べ物が食卓に届くまでにどれだけのエネルギーが使われているかについて、他者との協働によって考える。その上で、省エネ行動の一環としてのエコ・クッキングについて具体的に学ぶことにより、自分たちにできることを実践しようとする態度につなげることができる。

授業のヒント

　「食べ物がみんなの口に入るまで、どのようなエネルギーが使われているか?」として、給食などの共通体験をもとにした授業も展開できる。各段階でどんな問題があるのか、またその対処法まで含め、省エネの観点で考えられるようにするとよい。発展学習として、使用する食材を環境に配慮しながら実際に店舗で購入させる体験学習を導入してもよい。

1 食と環境に関する法律

教育基本法	2006 年に「教育基本法」が改正され、生命の尊重、自然環境が人々に与える影響、持続可能な社会の構築のための環境保全の取り組み、家庭生活と環境との関係などの学習の充実が提唱されている。2008 年に閣議決定された教育振興基本計画では、持続可能な社会の構築に向けた教育の推進や家庭、学校、地域、企業などにおける生涯にわたる環境教育・学習の機会の多様化が求められている。
環境教育等促進法	2004 年に施行された「環境の保全のための意欲の増進及び環境教育の推進に関する法律」では、各教科における環境教育について児童・生徒の発達段階に応じた取り組みが求められている。2011 年改正において、国連「持続可能な開発のための教育（ESD）の 10 年」の動きや学校における環境教育の関心の高まりなどを踏まえ、人間性豊かな人づくりにつながる環境教育をなお一層充実させることが求められている。
消費者教育推進法	2012 年に施行された「消費者教育推進法」では、「消費者市民社会」、すなわち消費者が、個々の消費者の特性及び消費生活の多様性を相互に尊重しつつ、自らの消費生活に関する行動が現在及び将来の世代にわたって内外の社会経済情勢及び地球環境に影響を及ぼし得るものであることを自覚して、公正かつ持続可能な社会の形成に積極的に参画することが求められている。
食育基本法	2005 年に「食育基本法」が成立し、学校教育において食への感謝の気持ち、環境と調和した食のあり方、食育における教育の役割が明記されている。

2 毎日の食事と環境問題のつながり

　エコ・クッキングから環境問題に取り組むのは、私たちの便利な食生活が、エネルギー問題やごみ問題の上に成り立っているからである。

季節に関係なく野菜や果物が食べられている

ハウス栽培では、ビニルの囲いや暖房が利用される。ビニルはごみ問題に、暖房はエネルギー消費量の増加、地球温暖化の原因にもつながる。

食べ残しがたくさんある

食べ残しなど生ごみとして出される量は、年間で500万トン以上ある。

レトルト食品や冷凍食品も使われている

2000年に比べ、レトルト食品は2021年までに1.4倍、冷凍食品は1.2倍に増えている。これらは加工の段階でエネルギーを消費する。

いろいろな国の食材がある

輸入農産物の輸入手段である航空機や船は大量の燃料を使い、排気ガスを出す。

使い捨て容器も使われている

カップ麺容器やトレーなどはごみの増加の原因にもなる。

3 1人1日当たりの必要なエネルギー

　私たちは生きていくために、1人1日約2,000kcaLのエネルギーを食べ物から摂取している。しかし、家庭で使う電気やガスのエネルギーはその約5倍、さらに現代の便利で快適な生活を営むために、社会全体では約32倍のエネルギーを使っている。私たちの生活がどれほど大きなエネルギー消費の上に成り立っているかに気づくことができる。

　例えば、遠い生産地から食べ物を運ぶと運ぶためのエネルギーを多く消費する。日本の食料自給率は38％（2021年度／カロリーベース）と低く、海外からの輸入に多くを依存している。

　食料輸入量に輸送距離をかけた指標としてフードマイレージがあり、日本は韓国・アメリカの約3倍、イギリス・ドイツの約5倍と環境負荷が高い。

■ 1人1日あたりの必要なエネルギー（2020年度）

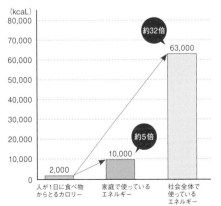

出典：資源エネルギー庁「エネルギー白書 2022」
および総務省統計局「人口推計（2021年3月1日）」より作成

食生活と省エネのかかわり

1 食卓を見て考えてみよう！

たくさんのごちそうが並んでいるね。
ところで、毎日の食事と環境問題はどうつながっているのかな？ 食卓を見て考えてみよう。

全部おいしそうだワン！
おいしいだけじゃ
ダメなのかな？

いろいろな国の
食材があるね

使い捨て容器も
使われているね

レトルト食品や
冷凍食品も
使われているね

2 食べ物がみんなの口に入るまでを考えてみよう

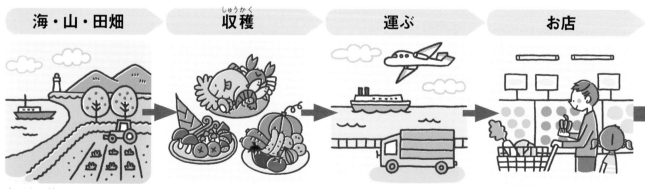

海・山・田畑	収穫	運ぶ	お店
海で魚を養しょくし、田畑で作物を育てるときにエネルギーを使う	船で漁に出る。田畑で作物を収穫するときにエネルギーを使う	トラックや船、飛行機で運ぶために、エネルギーを使う	照明やエアコン、冷ぞう庫などでエネルギーを使う

3　エコ・クッキングのポイント

毎日の生活の中で、みんなが環境のことを考えられるかがカギなんだ。
料理をつくるときにも、エネルギーや水を使い、ごみが出るよ。どうやったら減らせるかな？

☐ ため水で洗う
洗いおけやボウルにためた水で洗い、最後に流水ですすぐ

☐ 皮ごと丸ごと使う
きれいに洗った野菜は皮ごと、丸ごと使う

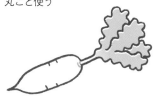

☐ 火加減を調節する
炎がはみ出さない火加減で、料理にあわせて調節する

☐ ふたをする
湯をわかすとき、煮物をするときはふたをする

☐ エコウエスでふく
なべや皿の汚れはエコウエス（いらなくなった古い布）でふき取ってから洗う

☐ ゆで湯や米のとぎ汁は洗い物に使う
野菜をゆでた湯や米のとぎ汁は、なべや皿などの洗い物に使う

何ができるかな？

エコ・クッキングは環境のことを考えながら「買い物」「調理」「食事」「片づけ」をすることだニャ

買い物　　**調理**　　**食事**　　**片づけ**

自動車で買い物に行くとエネルギーを使う　　料理をするときに、ガスや電気を使う　　食事のときは、残さず、おいしく食べよう　　洗うときに、水やエネルギーを使う

⑫ エコ・クッキングにチャレンジ

学習のねらい
- ・エコ・クッキングによる省エネの方法と効果について理解する。
- ・エコ・クッキングにチャレンジする興味と関心・意欲を高め、調理することができる。

展開事例（90分）

学習活動	○指導上の留意点　※資料・教材
エコ・クッキングにチャレンジしよう！	
❶ 身支度、準備をする（10分） ● 手洗い、身支度、材料や用具の準備、調理実習の手順や分担、レシピの確認をする。 ［全体検討］	○「⑪食生活と省エネのかかわり」を学習してから取り組むとよい。身支度を整えさせ、手順や分担の確認をし、調理実習をさせる。
❷ エコを考えて、いずれか一品の調理実習をする（30分） 「野菜たっぷり焼きそば」 ●汚れの少ない順に材料を洗う。（ため水洗い→流水すすぎ） ●野菜とウインナーソーセージを切る。（皮ごと丸ごと使う） ●省エネを考えて材料を火の通りにくい順番に炒める。 ●味を調え、盛り付ける。 「米粉のパンケーキ」 ●米粉とベーキングパウダーを合わせる。 ●ボウルに卵、砂糖、牛乳、サラダ油を入れよく混ぜる。（泡だて器） ●ボウルに粉を入れ混ぜ合わせる。（ゴムべら） ●省エネを考えてふたを使って焼く。 ●盛り付ける。	○ガス、水、ごみを減らす方法を意識しながら調理実習をさせる。適宜、声をかける。ガスの使い方や調理器具の使い方のポイントを理解させ、環境に配慮して安全な調理実習をさせる。 ※児童用ワーク 1 2
❸ 試食をする（20分） ● 五感を働かせ味わう。 ● エコ・クッキングができたかどうか確認しあう。 ［グループ検討］	○味だけでなく、香りや食感など五感を使うことを意識させる。
❹ エコを考えて後片付けをする（20分） ● 調理器具や食材の汚れを古布でふき取ってから洗う。 ● 洗剤液を作り、洗いおけを活用し、ため水洗いの後、流水ですすぐ。 ［グループ検討］	○省エネに配慮した片付けに取り組ませる。洗剤液の作り方はp.61参照。
❺ 振り返り（10分） ● エコポイントが実践できたか確認する。 ［全体検討］	○エコポイントに取り組めたかどうか、確認する。

Point 「アクティブ・ラーニング」のポイント

　エコ・クッキングを意識し、段取りのシミュレーションやレシピを理解する。また、ガス、水、ごみをどうすれば減らすことができるのか考えながら調理する。エコ・クッキングのポイントを学び、グループ単位で実践する。具体的にエコ・クッキングの調理法を実践する体験学習によって、実践に結びつく力を養うことができる。

授業のヒント

　ワークシート（p.77）を活用し、調理計画を立てる宿題を出してもよい。また、エコ・クッキングでは、調理だけでなく、買い物から片づけの一連の流れを通して省エネの工夫をすることが大切である。実習の感想をまとめて工夫点のパンフレットづくりも役に立つ。発展学習として、1・2年の生活科で栽培した野菜を使ったメニューを5・6年の家庭科で活用し、お楽しみ会を開いて低学年児童を招待し、異学年交流をはかることもできる。

1 省エネ教育の効果

食教育の中で省エネ教育を行うことにより、ガス、水の使用量、生ごみ、CO_2 排出量を減らせることが明らかとなっている。

実験内容

調査対象：東京家政大学
　　　　　家庭科教職課程履修生 49 名
実験献立：ご飯、味噌汁、煮物（4人分）

出典：日本家庭科教育学会誌「家庭科教職履修生に対してのエコ・クッキングの教育効果 (2007)」

●調理 1
班ごとに規定の献立一食分を日常行っている方法で調理する。ガス、水の使用量、生ごみ量を測定する。
●省エネ教育
エコ・クッキングの考え方と環境問題についての講義（60分）を実施し、班ごとに調理の工夫と努力目標をディスカッションし、レポートにまとめる。
●調理 2
講義から 2〜3ヵ月後に、班ごとにエコ・クッキングを行い、調理1と同様の測定を行う。
●調理 3
講義から 6ヵ月〜1年後に、班ごとにエコ・クッキングを行い、調理1と同様の測定を行う。

実験結果

■ エコ・クッキングによる削減効果

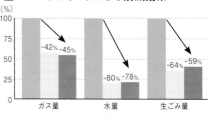

ガス量 -42% -45%　水量 -80% -78%　生ごみ量 -64% -59%

調理1　調理2　調理3
※調理1におけるガス量、水量、ごみ量を100%とした

■ エコ・クッキングによる CO_2 削減効果

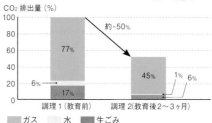

CO_2 排出量 (%)

調理1（教育前）ガス77% 水6% 生ごみ17%
約-50%
調理2（教育後2〜3ヶ月）ガス45% 水1% 生ごみ6%

ガス　水　生ごみ
※調理1における CO_2 排出量を100%とした

2 調理時のガスと電気の比較／最終消費まで

　エネルギーの製造から消費までを比べてみると、電気は発電時と送電時のエネルギーロスが大きいため、全体でみるとガスの方が省エネである。

■ ガスと電気のエネルギー効率（エネルギーの製造場所を100としたとき）

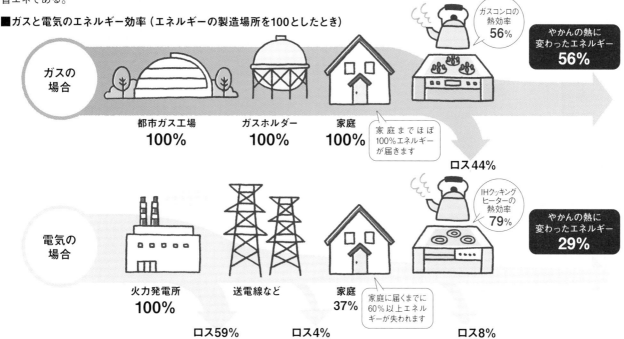

ガスの場合
都市ガス工場 100%　ガスホルダー 100%　家庭 100%
家庭までほぼ100%エネルギーが届きます
ガスコンロの熱効率 56%
やかんの熱に変わったエネルギー 56%
ロス44%

電気の場合
火力発電所 100%　送電線など　家庭 37%
ロス59%　ロス4%　ロス8%
家庭に届くまでに60%以上エネルギーが失われます
IHクッキングヒーターの熱効率 79%
やかんの熱に変わったエネルギー 29%

出典：資源エネルギー庁「省エネ法概要 2010／2011」より作成

☝ ワンポイントアドバイス

野菜たっぷり焼きそば

　成人の野菜摂取目安350g／日の約45%の野菜が摂れる。直径26cmのフライパン2枚で半量ずつつくったほうが、フライパンから具材がはみ出さず児童にはつくりやすい。もしくは2回に分けてつくるなど、多くの児童が調理体験をできるよう工夫するとよい。

米粉のパンケーキ

　食料自給率アップのためにも国産の米粉を上手に活用できるメニュー。ホットケーキミックスを使う場合と比べて、かなり生地が固めに仕上がる。テフロン加工のフライパンを使う方が失敗なくできる。レシピは1度に1枚を焼く時間（厚さ1.5cm・直径12cm程度／枚）を示している。出来上がったパンケーキは乾燥しやすいため、時間をおいて試食する場合はラップなどをかけておく。

エコ・クッキングにチャレンジ

1 野菜たっぷり焼きそば

栄養価（1人分）／エネルギー303kcaL　脂質14.6g　塩分2.5g
　　　　　　　　　たんぱく質 7.8g　炭水化物 40.4g

【材料】4人分

たまねぎ	1/2コ	サラダ油	大さじ2
にんじん	1/2本	中華むしめん	2玉
キャベツ	大3枚	水	約100mL
ピーマン	1コ	┌ウスターソース	大さじ4〜6
もやし	1袋	A┤塩	少し
ウインナーソーセージ	4本	└こしょう	少し

【道具リスト】

・包丁　・まな板　・計量カップ　・計量スプーン　・中華なべもしくはフライパン　・ヘラ　・さいばし

【つくり方】

1　材料を洗う。
　汚れの少ないものから、ため水洗いし、流水ですすぐ。

2　野菜とウインナーソーセージを切る。
　・たまねぎ：薄切り
　・にんじん：皮ごと短冊切り
　・キャベツ：一口大に切り、しんの部分は薄切り
　・ピーマン：細切り
　・ウインナーソーセージ：斜め切り

3　中華なべ（フライパン）にサラダ油を入れてあたため、火の通りにくい順に炒める。
　（たまねぎ⇒にんじん⇒キャベツのしん⇒ウインナーソーセージ⇒キャベツの葉⇒ピーマン⇒もやし）

4　中華むしめんと水を入れてほぐしながら炒め、Aで味をととのえる。

野菜がたくさん
食べられて
おいしそうだニャ

【エコポイント】

・季節に合わせた旬の野菜を使う（春夏はキャベツ、ピーマン、秋冬はこまつな、しめじなどに変えるとよい）。
・キャベツのしんも薄切りにし、にんじんは皮ごと使う。
・ピーマン、たまねぎは切り方を工夫してごみを少なくする。
・ウインナーソーセージの代わりに、ぶた肉、ちくわ、かまぼこなどをいれてもおいしい。

野菜の上手な切り方

たまねぎ	にんじん	キャベツ	ピーマン
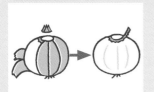		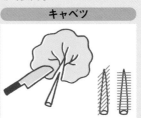	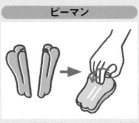
上部を少し切り、皮をむく残った皮のみ手で薄くむく	皮をむかず、葉のつけ根はなるべく薄く切り、へたのまわりも切り取って使う	しんは切り取り、薄切りやみじん切りにして使う	たてに半分に切り、へたの部分を外側から内側へもぎ取る

2 米粉のパンケーキ

栄養価（1人分）／エネルギー162kcaL　脂質6.7g　塩分0.25g
たんぱく質 3.7g　炭水化物 22.1g

【材料】4人分（2枚）

米粉（製菓用）……………………………100g
ベーキングパウダー ………………………小さじ1
卵（Mサイズ）……………………………1コ
砂糖………………………………………25g
牛乳………………………………………80mL
サラダ油 …………………………………大さじ1
ホイップクリーム …………………………好みで
スプレーチョコ……………………………好みで

【道具リスト】

・ボウル（大・小）　・フライパン（フッ素樹脂加工）　・フライパンのふた　・フライ返し（フッ素樹脂加工）
・泡だて器（ホイッパー）　・ゴムべら　・計量カップ　・はかり

【つくり方】

1. 米粉とベーキングパウダーを合わせておく。

2. ボウルに卵を入れ、泡だて器で軽く混ぜる。
   砂糖、牛乳、サラダ油を順に入れ、よく混ぜる。

3. 2に1を加え、ゴムべらで混ぜ合わせる。

4. フライパンを中火で熱し、生地の1/2量を高めの位置から流す。

5. 弱火でふたをして2分焼き、うら返してふたをして2分焼く。

6. 皿に盛りつけ、ホイップクリームとスプレーチョコを添える。

これなら
ぼくにもできそうだ
ワン!!

【エコポイント】

・ボウルの中の生地は、ゴムべらを使って最後までむだなく使う。
・ふたをすることで加熱時間が短くなりエネルギーが節約できる。
　（温度調節機能（160℃設定）やタイマー機能を使うと、焼きすぎによるエネルギーのむだも省ける）

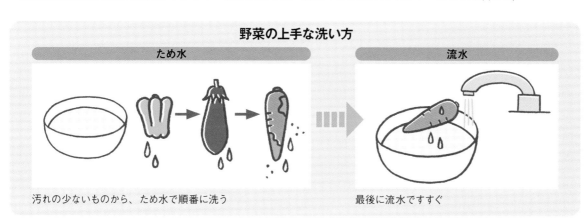

野菜の上手な洗い方

ため水	流水
汚れの少ないものから、ため水で順番に洗う	最後に流水ですすぐ

⑬ ごみを減らす工夫

学習のねらい ・家から出るごみの量や内訳を理解し、減らす方法を考えることができる。
・ごみ処理場見学を通して、ごみ問題と省エネの関係について関心をもつ。

展開事例 (45分)

学習活動	○指導上の留意点　※資料・教材

家から出るごみを減らすには、どうしたらいいかな？

❶ 自分たちがどれくらいのごみを出しているのか考える (10分)

● どうしたらごみを減らせるか考え、発表する。
[個人検討⇒全体検討]

> ノートは最後まで使う
> 食べ残さない
> 包装が多すぎる

○出しているごみの量を考えさせ、どうしたらごみが減らせるか、発表させる。このままのペースでごみを出し続けると埋立地が足りないことを説明する。
※児童用ワーク1、教師用資料2

❷ 使用後は、ごみになってしまう容器包装について考える (10分)

● 1年間の容器の使用量を知る。
[全体検討]

○1年間の容器の使用量を説明する。
※児童用ワーク2

❸ 3R+Rの考え方を理解する (10分)

● ごみを出さないようにするためにできることを考える。
[全体検討]

○発展学習として、6Rまであることを説明する。
※児童用ワーク3、教師用資料3

❹ ごみ処理場見学の事前準備をする (10分)

● ごみ処理の流れを事前学習する。
● わたしたちの町や市のどこにごみ処理場があるか確認する。
● 質問したいことを考える。
[全体検討]

○ごみ処理場の見学の事前学習として、質問したいことを考えさせ、児童の関心を引き出す。
※児童用ワーク4

❺ 振り返り (5分)

○ごみ処理と省エネの関係を説明する。

Point 「アクティブ・ラーニング」のポイント

どれくらいごみを出しているのかを理解し、使用後は、ごみになってしまう容器包装について知り、ごみを出さないようにするために、もっとできることはないか考えることができる。3R+Rに取り組み、ごみ処理施設の見学を通し、ごみの現状を体感し、実践しようとする意欲につなげるとともに、ごみとなってしまうものを製造した際のエネルギーも同時に廃棄することにつながることを意識させる。

授業のヒント

児童用ワーク3を活用して、「ごみを減らす方法を考える」授業を展開する。3R+Rの具体的な取り組みについて調べ、家庭のごみを減らす工夫を集めて省エネになるアイデアをPRする。発展学習として、3R+R新聞、ごみ問題新聞、6R新聞、ごみステーション新聞など、クラス内でグループをつくって作成に取り組む授業を実践し、よくできたと思われるグループを選出して表彰するなどの工夫をして盛り上げるとよい。

1 ごみ排出量の推移

2020年度のごみの排出量は、1人1日約1kg（901g）となっている。年間の総排出量は、4,167万トン、これは東京ドーム約112杯分に相当する。

■ ごみ総排出量の推移

2 ごみ最終処分場の残余容量と残余年数の推移

このままのペースでごみを出し続けると、2042年には埋立地があふれてしまう計算となる。

■ 一般廃棄物最終処分場の残余容量と残余年数の推移

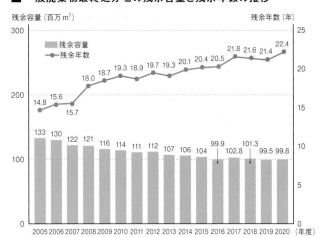

3 3Rが発展して6Rへ

3Rに加え、最近では6Rという考え方もある。

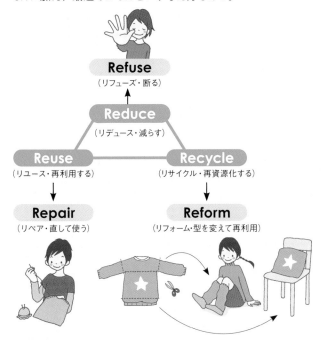

4 食品ロスを減らそう

食品ロスとは、まだ食べられるのに捨てられている食べ物のことを言う。日本の食料自給率は38%（2021年度／カロリーベース）、残り62%は全て輸入に頼っている。しかし、食料消費の約18%もの食品が捨てられてしまっている。さらに、家庭から出される生ごみの内訳をみると、食べられるのに捨てられてしまっているものがたくさんある。

本書でも紹介しているエコ・クッキングのアイデアを取り入れると、平均約60%もの生ごみが減らせることが明らかとなっている（東京家政大学調べ）。

■ 家庭から出される生ごみの内訳

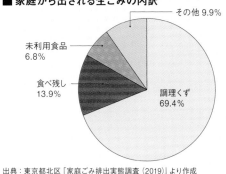

コラム　ごみ処理と省エネルギーのかかわり

我が国の一般廃棄物の排出量は1985年前後からバブル経済とともに増え続け、近年はほぼ横ばいが続いてきた。ここ何年か減少傾向にあるものの、2020年度のごみ排出量は901g／人・日となっている。

近い将来には埋立地の最終処分場が足りなくなる事態に直面しており、廃棄物の量を抑え、リサイクルする必要が生じている。

ただし、リサイクルにはエネルギーが必要となる。

また、ごみ問題を省エネとの関係で鑑みると、ごみ処理に必要なエネルギーだけでなく、そのごみとなってしまったものを生産するために使われた大量のエネルギーを同時に廃棄している現状に留意しなければならない。

ごみを減らす工夫

1 家から出るごみの量

ごみを出さずに生活することはできないね。でも減らすことはできるはず。
ごみの量やごみの内訳から、どんなごみをどれくらい減らせるのか考えてみよう。

● 家から出るごみの内訳（重さ）

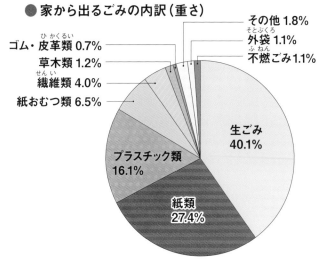

その他 1.8%
外袋 1.1%
不燃ごみ 1.1%
ゴム・皮革類 0.7%
草木類 1.2%
繊維類 4.0%
紙おむつ類 6.5%
生ごみ 40.1%
プラスチック類 16.1%
紙類 27.4%

出典：東京都北区「令和元年度北区ごみ組成調査報告書（2021）」より作成

Q 1人1日どれくらいのごみを出している？

① 約 500g
② 約 1kg
③ 約 3kg

生ごみとか
紙のごみが多いね。
どうしたらいいかニャ？

どうしたらごみを減らせるか書いてみよう！

2 1年間にわたしたちが使う容器

みんなはどれくらい容器を使っているかな？

● 1人あたりの年間の容器使用量（2020年）

ペットボトル
173本

アルミ缶
174本

スチール缶
43本

ガラスびん
42本

出典：PETボトルリサイクル推進協議会、アルミ缶リサイクル協会、スチール缶リサイクル協会、ガラスびん3R促進協議会の資料より作成
　　　（ペットボトルのみ 2020年度データ）

年　　組　　番　名前　　　　　　　　　　　　月　　日

3　3R＋Rにチャレンジ

ごみをなるべく出さないようにするためにもっとできることはないかな？
そのキーワードは"4つのR"だよ。できることからはじめてみよう。

まず本当に必要なのか
どうか考えることが
大切なんだね。

3R

Refuse
リフューズ
ことわ
断る

本当に必要なものか、買う前に1度考え、いらないものは断り、家にもちこまない。

Reduce
リデュース
減らす

ごみになりそうなものは、はじめから使わず、使えるものは最後まで大切に使う。

Reuse
リユース
さい
再利用する

使わなくなったものは簡単に捨てずに、使ってくれる人にゆずる、またはゆずってもらう。

Recycle
リサイクル
さい　し　げん
再資源化する

使い終わったものは、分別して新しい資源に変える。

4　ごみ処理場を見学しよう

みんなの家の近くのごみ処理場はどこにあるのかな？　ごみ処理の流れを確認しよう。

ごみを集める

ごみ収集車がごみ処理場に到着

集めたごみを燃やす

燃やした灰を埋立地に運ぶ

画像提供：新宿区、東京二十三区清掃一部事務組合

質問したいこと&見学して気づいたこと

水 を 使 う と き に で き る こ と

学習のねらい ・水と省エネの関係から、限られた水資源をどのように使えばよいのか理解する。
・環境に配慮した水の使い方を学び、省エネにつながる行動ができる。

展開事例 (45分)

学習活動	○指導上の留意点　※資料・教材
生き物に必要な水は、地球上にどれくらいあるかな?	
1 水資源が限られていることを理解する (10分) ● 自分たちが使える水がどのくらいあるか考える。 [個人検討⇒全体検討]	○自分たちが使える水は地球上にある水の何パーセントか考えさせる。 ※児童用ワーク**1**
2 水と省エネの深い関係について考える (10分) ● どんなところで水を使っているのか、どんなところで水を汚しているのか考え、自分たちにできることは何かを考える。 [個人検討⇒全体検討] 	○家庭における水の使用量とその割合、どこで水を汚しているかを理解させる。 ○揚水・浄水・下水処理の各段階で大量のエネルギーが使われていることを理解させる。 ※児童用ワーク**2**、教師用資料**1**
3 台所排水が汚れてしまう原因を理解する (5分) ● 台所排水を汚さない方法を自分たちで考える。 [全体検討]	○食べ残しや飲み残しをしないことが省エネになることを理解させる。 ※児童用ワーク**3**
4 自分たちは水に関してどんな省エネができるか考える (15分) ● 水を大切にする取り組みとして、食器の洗い方について考える。 [グループ検討⇒全体検討]	○上手な食器の洗い方を理解させる。 ※児童用ワーク**4**
5 振り返り (5分⇒宿題)	○食器洗いの宿題の確認をする。 ※児童用ワーク**4**

Point 「アクティブ・ラーニング」のポイント

　私たちが使える水は、地球上にある水の何パーセントか考え、どんなところで水を使っているのかを円グラフから読み取り、水を汚す原因は何かについて考えることができる。自分たちは水に関してどんな省エネができるか考え、実践につなげる。グラフや資料を読み取り、自分たちにできることについて皆で考えることで、思考が深まり、実践への動機づけができる。

授業のヒント

　教師用資料**3**、児童用ワーク**3**「魚がすめるようにするために必要な水の量」を活用して、食品をどのように処理すれば省エネ行動になるか考える授業ができる。児童用ワーク**1**では、算数の計算問題の活用ができる。児童用ワーク**4**を使い、食器洗いの宿題を出し、家族と情報を共有することで、基礎的な生活力を養うだけでなく、省エネの取り組みを家庭にまで広げることができる。

1 水と省エネの深い関係

日本は比較的水資源に恵まれた国である一方、大量に水を消費している。2018年度の日本での生活用水の使用量は約150億m³となっている。水資源を活用するためには、水の揚水、浄水、下水および汚水処理の各段階で大量のエネルギーが必要となり、上下水道事業における電力使用量は総電力使用量の約1.7%、約149億kWhを占めている。

また、農産物を輸入するということは、輸入農産物が海外で生産される際に使用された水資源も一緒に輸入しているともいえる。このように間接的に輸入している水のことを、仮想水（バーチャルウォーター）という。

輸入している農産物を自国で生産すると仮定すると、必要な仮想水（バーチャルウォーター）は627億m³（2000年）と、これは国内の農業用水使用量の535億m³と（2018年）を上回っている。品目別にみると、牛肉1kgに20.6トン、豚肉1kgに5.9トン、大豆1kgに2.5トンの水が必要となる。これを、食事メニューに換算してみると、表に示したように、牛丼（並）やカレーライスに必要な水の約7割が輸入ということになる。

■食事メニューごとに必要な仮想水の量（1人分）

メニュー	仮想水(L)	輸入仮想水(L)
牛丼（並）	1,887	1,283 (68%)
カレーライス	1,095	756 (69%)
オレンジジュース(200mL)	168	150 (89%)
アイスクリーム	396	313 (79%)

出典：農林水産省「平成19年度食料・農業・農村白書」より作成

2 生活用水の使用量

2018年度の1人1日当たりの水使用量の平均は287L（有効水量ベース）と、減少傾向にある。地域別にみると最高が四国の318L／人・日、最低が北九州の260L／人・日である。

■生活用水の1人1日平均使用量の推移

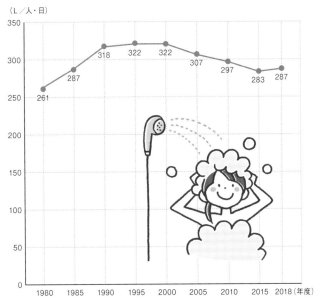

（L／人・日）

261 287 318 322 322 307 297 283 287

1980 1985 1990 1995 2000 2005 2010 2015 2018（年度）

出典：国土交通省「令和3年度版 日本の水資源の現況について」より作成

3 水を汚す原因

魚がすめる水質（BOD* 5mg／L）に希釈するためには大量の水が必要となることからも、できるだけ排水を汚さない工夫が大切である。

*BOD（Biochemical Oxygen Demand）：生物化学的酸素要求量

■魚がすめるようにするために必要な水の量

品名	量	風呂何杯
トマトケチャップ	大さじ1杯（15mL）	0.8
中濃ソース	大さじ1杯（15mL）	2.3
サラダ油	大さじ1杯（15mL）	17.0
みそ汁	お椀1杯（200mL）	2.5
缶コーヒー（ミルク、砂糖）	コップ1杯（180mL）	6.4
缶コーヒー（ブラック）	コップ1杯（180mL）	0.4
日本酒	コップ1杯（180mL）	19.0
ビール	コップ1杯（180mL）	8.6
即席中華麺のスープ	どんぶり1杯（200mL）	1.9
シャンプー	1回分（6mL）	1.6
リンス	1回分（6mL）	0.3

出典：東京都環境局「とりもどそうわたしたちの川を海を（2008）」より作成

児童用ワーク1Qの解答

300,000mL × 0.01% ＝30mL（大さじ2杯）
大さじ1杯は15mL
（注）この図で出てくる地下水（0.76%）は取り出すことができない深いところにある地下水を指すため、
私たちが使える水は全体の0.01%で計算している。

水を使うときにできること

1 限りある水資源

地球上にはおよそ14億km³の水があると言われているよ。
でもそのほとんどは海水なんだ。
ぼくたちが使える水は全体の0.01%くらいしかないんだって。

ボクたちが
使える水はちょっとしか
ないんだワン

● 地球上の水の量 14億km³

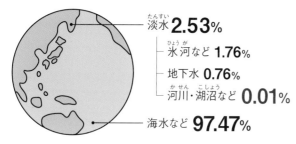

淡水 **2.53**%
　　氷河など **1.76**%
　　地下水 **0.76**%
　　河川・湖沼など **0.01**%
海水など **97.47**%

出典:国土交通省「令和3年版 日本の水資源の現況について」より作成

Q 地球全体の水の量がお風呂1杯分
（300L）だとしたら、わたしたちが使
える水はどれくらい？
計算してみよう！

300L ＝ 300,000mL

0.01% ＝ 1／10,000

　　　　mL （大さじ　　　杯分）

2 水の使用量

どんなところで水を使っているのか、グラフから見てみよう。

● 家庭における水の使用量の割合

洗面・その他
6%

洗濯
15%

風呂
40%

台所
18%

トイレ
21%

出典：東京都水道局
「平成27年度 一般家庭水使用目的別実態調査」より作成

みんなにできることはなんだろう？

きれいな水をつくったり、
汚れた水をきれいにするには
たくさんのエネルギーが
使われるニャ

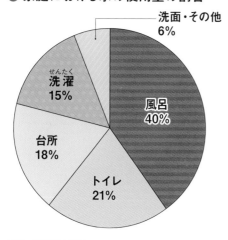

3 水を汚す原因

家庭における水を汚す原因の約40%は台所。
食べ残しをそのまま流したり、洗剤の使い過ぎも、水を汚す原因になるよ。

● 魚がすめるようにするために必要な水の量（風呂1杯を300Lとする）

マヨネーズ	牛乳	オレンジジュース	コーラ	洗剤
大さじ1杯	コップ1杯	コップ1杯	コップ1杯	ワンプッシュ1g
お風呂13杯	お風呂13杯	お風呂10杯	お風呂9.5杯	お風呂0.5杯

出典：東京都環境局「とりもどそうわたしたちの川と海を（2008）」より作成

4 上手な食器の洗い方

食器を洗うお手伝いにチャレンジしてみよう。
食器を洗う前にできること，洗うときにできることに取り組んでみよう。

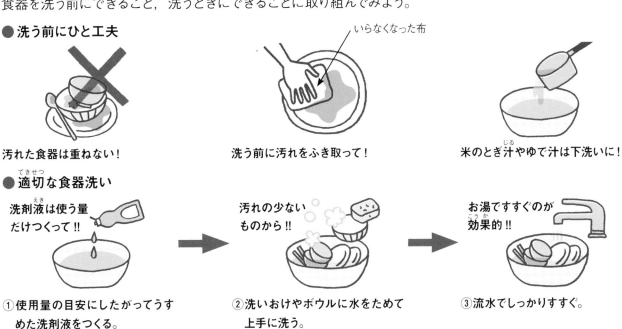

● 洗う前にひと工夫

汚れた食器は重ねない！　　洗う前に汚れをふき取って！　　米のとぎ汁やゆで汁は下洗いに！

いらなくなった布

● 適切な食器洗い

洗剤液は使う量だけつくって!!　　汚れの少ないものから!!　　お湯ですすぐのが効果的!!

①使用量の目安にしたがってうすめた洗剤液をつくる。　②洗いおけやボウルに水をためて上手に洗う。　③流水でしっかりすすぐ。

食器洗いした感想を書こう！

お家の人に感想を書いてもらおう!!

⑮ 火の使い方を考えてみよう！

・火と人類の歴史から、火を上手に使うことと省エネの関係を理解する。
・燃焼のしくみを理解し、実験を通して実際に火を正しく使うことができる。

展開事例（45分）

学習活動	○指導上の留意点　※資料・教材
どんなときに火を使うか考えてみよう！	
① **人間はいつから火を使い始めたのか、どんなときに火を使うか考える（10分）**　 ● 火と人類の歴史を学ぶ。 [全体検討] ● 自分たちはどんなときに火を使うか考える。 [個人検討⇒ペア検討⇒全体検討] 	○火を使うことが、生活に変化をもたらしてきたことを説明し、火を使った経験を話し合わせる。 ※児童用ワーク**1**、教師用資料**2**
② **燃焼のしくみを理解する（5分）** ● 火が燃えるための3要素について、理解する。 [全体検討]	○火が燃えるための3要素について理解させ、火の観察につなげる。 ※児童用ワーク**2**
③ **火を観察する（10分）** ● 実際に、ガスバーナーの火をつけてみて観察する。 [グループ検討]	○正しい火の使い方を理解させる。観察の際は、換気にも注意する。 ※児童用ワーク**3**、教師用資料**3**
④ **あぶり実験を行う（15分）** ● 火がものをどう変化させるか観察し、火の力について考える。 [グループ検討⇒全体検討]	○やけどに注意を促し、1人1人に体験をさせる。 ※児童用ワーク**4**
⑤ **振り返り（5分）** ● 火を上手に使うことが省エネにつながることを理解する。 [全体検討]	○火を使うことと省エネについての関係を説明する。 ※教師用資料**2**

「アクティブ・ラーニング」のポイント

　どんなときに火を使うか、人間はいつから火を使い始めたかを考え、燃焼のしくみを学び、ガスバーナーやコンロの火をつけてみる。さらに火がものを変化させることを学ぶ実験を通して、火を観察し、火を正しく上手に使うことができるようになる。火についての理解を深め、火を上手に使うことがどう省エネにつながるかを考えることができる。

授業のヒント

　火についての知識や体験は生きる力につながる重要なテーマである。「火を使うことで得られる豊かな生活」と「火の使い方を間違えることでおきる災害」の両面を意識させ、火の利用方法を考える授業ができる。発展学習では、避難訓練指導として、火災とその防ぎ方、逃げ方だけでなく、地震や津波のときにも火災が起きることを安全指導として行うことで、火災避難訓練の大切さを理解する糸口にもなる。

1　火と人類の歴史

　火を使うということは人類最大の知恵と言われている。炎は煮炊きをするためだけでなく、暖をとるため、明かりをともすためのものでもあった。

　最初地面を少し掘り下げて薪をくべる形式だった炉は、6世紀ごろに、かまどが出現し炊事専門の場所となっていった。かまどが炊事専用になっていくのに対し、炉は、暖房や照明の役割を果たすため囲炉裏となって広まった。その後、照明道具の発達にともなって囲炉裏は明かりとしての機能を失うが、食事の回数が増えるにつけ、再び炊事にも使われるようになった。

　やがて木炭の普及や焜炉（こんろ）、七輪などが登場すると、囲炉裏で炊事する機会は減っていく。一方、炊事専用のかまどは、明治中期には薪からガスに取って代わり、炊事といえば煙やすすが出るのが当たり前だった生活が一変する。明治30年代に入り、最初は明かりとして使われ始めたガスの炎は、次第に煮炊きや給湯、暖房用へと普及していった。

　このように人間は長い時間をかけて火を取り入れ、暮らしを豊かにしてきた。

児童用ワーク**1**の解答（左から順に）

たき火、かまど、ガス灯、ガスコンロ

2　火を使うことと省エネとの関係

　家庭の中で火を見ることが少なくなり、火を上手に使うことがエネルギーを上手に使うことになり、省エネにつながるという意識が希薄になっている。ガスコンロの火加減を調節して、適正な火力にすることは省エネにつながる（p.49 **3** 参照）ということはよく知られているが、給湯器やガスファンヒーターなども実際にはガスを燃料とし、火力を調整することで動いている。また、熱源（暖房や調理）としてだけでなく、火はエネルギー源としても使われている。現在、我々の使う電力消費量の調整は火力発電所により賄われている（p.39 **2** 参照）。すなわち電気を上手に使うことも火を上手に使うことにつながってくるのだ。

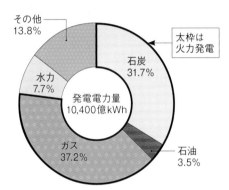

■発電電力量に占める電源の割合（2019年）

その他 13.8%
石炭 31.7%
太枠は火力発電
水力 7.7%
発電電力量 10,400億kWh
ガス 37.2%
石油 3.5%

出典：資源エネルギー庁「エネルギー白書2022」より作成

3　燃焼のしくみ

　都市ガスが燃えるには、次の3つの条件が満たされていることが必要となる。なお、都市ガスが完全燃焼すると、炎が青くなり、最終的には、炭酸ガスと水蒸気になる。ガスの完全燃焼に必要な空気量は、ガス1に対して14倍。

・燃料である都市ガスがあること
・酸素（空気）があること
・着火源（マッチの火等）があること

児童用ワーク**2**Qの解答

燃えるもの ＝ 都市ガス、LPガス

☝ワンポイントアドバイス

不完全燃焼	酸素が不足した状態で物が燃焼することで、すすや一酸化炭素が発生する。一酸化炭素は強い毒性を持ち、死亡事故に至ることがある。ガスを使うときは必ず換気（換気扇・窓）が必要。
空気の成分	窒素78％、酸素21％、二酸化炭素0.04％、その他約1％

4　あぶり実験での注意事項

　火を使うときには安全に留意し、火にはものを変化させる力があること、正しく扱わないと危険なものにもなることを意識させることが大切。

（注）鍋なし検知機能のついたコンロでは、点火時に鍋がないと、点火しないため、センサーを解除する必要があります。

マシュマロって何からできているの？

　マシュマロは、砂糖、コーンスターチ、ゼラチン、卵白等からできており、家庭でもつくることができる。熱を加えることで溶ける。日本では、そのまま食べるのが一般的だが、米国では、キャンプファイヤの際にマシュマロを串に刺すなどして直火で焼いてとろけさせ、そのまま熱いうちに食べたり、熱いココアなどに浮かべたりと楽しまれている。

児童用ワーク**4**の解答（記入例）

時間（きつね色）	2〜3秒程度（マシュマロの大きさによる）
におい	甘いにおい、焦げたにおいなど
炎の色	青から部分的に赤に変化（マシュマロや竹串が接触したところ）
味（おいしさ）	おいしい、あまいなど
わかったこと	マシュマロが熱で溶ける、やわらかくなるなど
困ったこと	火の近くは熱かった、竹串が焦げた、マシュマロが焦げたなど

火の使い方を考えてみよう！

1 人間と火の歴史

わたしたちの暮らしを支える火。人間はいつから火を使いはじめたんだろう。
下の写真ではみんな火があるね。なんだか知っているかな？ 書いてみよう。

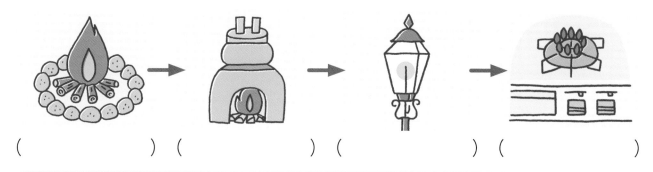

(　　　　　　　　) (　　　　　　　　) (　　　　　　　　) (　　　　　　　　)

> **みんなはどんなときに火を使うかな？ 考えてみよう。**

2 どうして火は燃えるの？

● 火が燃えるための3つの要素

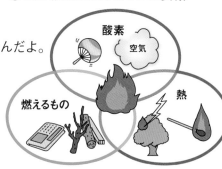

火が燃えるためには、「燃えるもの」「酸素（空気）」「熱」の3つの要素が必要なんだよ。
どれか1つがかけても火は燃えないんだ。

Q ガスコンロを使うときの「燃えるもの」は？

3 ガスバーナーの火を観察しよう

● ガスバーナーの炎の温度

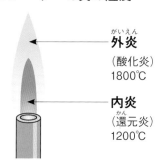

外炎
（酸化炎）
1800℃

内炎
（還元炎）
1200℃

酸素がたくさんあるとき、ガスの炎は内側の透き通った水色と外側は
きれいな青い色をしているよ。これを完全燃焼というよ。でも、酸素
が足りなくなると、炎が赤やオレンジ色になって、形も大きくゆらゆら
燃える。これは不完全燃焼といって有毒なガスを出す原因になるから
気をつけよう。ガスを使うときには換気扇をまわして、空気を取り入れ
よう。

4 火でマシュマロをあぶってみよう

実際に、火をつけてみて観察してみよう！！
火にはものを変化させる力があるよ。マシュマロをあぶって確認しよう！！

【用意するもの】
ガスバーナーもしくはガスコンロ
竹ぐし（人数分）
マシュマロ（人数分）

【つくり方】

1　竹ぐしにマシュマロを刺して、ガスバーナーもしくはガスコンロであぶる。

2　回しながら焼き、こげないようにする。

3　熱いから、少し冷ましてから食べる。

クラッカーに
あぶったマシュマロをはさんで
食べるとおいしいニャ！

● 観察シート

マシュマロはどう変化したかな？ 観察して記録しよう。

時間（きつね色）	秒
におい	ある（どんな？　　　　　　　　　　　　　　　）・ない
炎の色	変わった（　　　　　色→　　　　　色）・変わらない（　　　　　色）
味（おいしさ）	
わかったこと	
困ったこと	
まとめ（感想）	

⑯ これからの省エネルギー

学習のねらい ▶ ・HEMS や燃料電池などの省エネに役立つ技術を理解する。
　　　　　　　・未来の暮らしを想像することで、省エネに興味・関心をもつ。

展開事例（45分）

学習活動	○指導上の留意点　※参考資料
これからの省エネルギーについて考えてみよう！	
❶ これからの住まいについて考える（10分） ● どんな省エネ機器が家の中で活躍するか理解する。 また、省エネ機器と創エネ機器を組み合わせることや断熱の工夫で、より省エネができることを理解する。 ［全体検討］	○既に開発されている創エネ機器（太陽光発電や家庭用燃料電池など）の技術を組み合わせることで省エネにつながるということを理解させる。 ※児童用ワーク**1**、教師用資料**1**
❷ HEMS について理解する（10分） ● 見える化によって暮らしがどう変わるのか考える。 ［個人検討⇒全体検討］	○ HEMS などの見える化機器の効果を説明し、自分たちができる省エネ行動について考えさせる。 ※児童用ワーク**2**、教師用資料**1**
❸ 家庭用燃料電池（エネファーム）のしくみについて理解する（10分） ● 水の電気分解の逆が燃料電池のしくみであることと、燃料電池の環境性について理解する。 ［個人検討⇒全体検討］	○燃料電池のしくみを理解させ、クイズで確認する。家庭用燃料電池については p.42、45 も参照。 ※児童用ワーク**3**、教師用資料**2**
❹ 振り返り（15分） ● 自分が理想とする未来の暮らしを考え、どんな技術があったら省エネが出来るか話し合う。 ［個人検討⇒全体検討］	○どんなふうに自分たちの暮らしが変わるか想像させ、自由な発想を尊重する。 ※児童用ワーク**4**

ロボットが何でもしてくれる

自動車が空を飛ぶ

 「アクティブ・ラーニング」のポイント

既に開発され、これからの住まいに導入されていく HEMS や家庭用燃料電池（エネファーム）などの技術について理解することができる。また、燃料電池の技術がどんなところで使われているかを理解し、自分の生活とどうかかわっているか考え、さらに未来の暮らしでは、どんな技術があったら省エネができるか話し合うことができる。

授業のヒント

児童用ワーク**1**により、省エネを実践するための様々な工夫があることに気づくことができる。児童用ワーク**3**では、水素と酸素の化学反応を活かした燃料電池の技術により省エネが可能となることを学ぶことで、理科での学習が生活に活用できることを実感することができる。発展学習として、省エネ型の乗り物や自分の住みたい家というテーマ設定をして、新たな技術の考案も含めた授業ができる。

1 これからの住まい

■キーワード

スマートエネルギー ネットワークシステム	コージェネレーションシステム（＊）を含む分散型エネルギーシステムとともに、再生可能エネルギー、未利用エネルギーを大幅に導入して、電力・熱の融通を行いながら情報通信技術の活用によりエネルギー需給を最適に制御することで、快適な生活を維持しつつ省エネ、省CO$_2$を達成する次世代エネルギー社会システムの構想を指す。 （＊）コージェネレーションシステム：熱源より電力と熱を供給するシステム
ネットゼロエネルギーハウス（ZEH）	住宅の断熱性能を高め、省エネ機器（家庭用燃料電池など）や再生可能エネルギー（＊）活用機器（太陽光発電、太陽熱温水器など）を上手に取り入れ、一次エネルギーの年間消費量より、住宅で創り出したエネルギーの方が多い、もしくはその差がおおむね正味（ネット）ゼロになる住宅を指す。 （＊）再生可能エネルギー：太陽光や太陽熱、水力、風力、バイオマス、地熱などエネルギー源として永続的に利用することができる環境負荷の少ないエネルギー

■これからの住まい

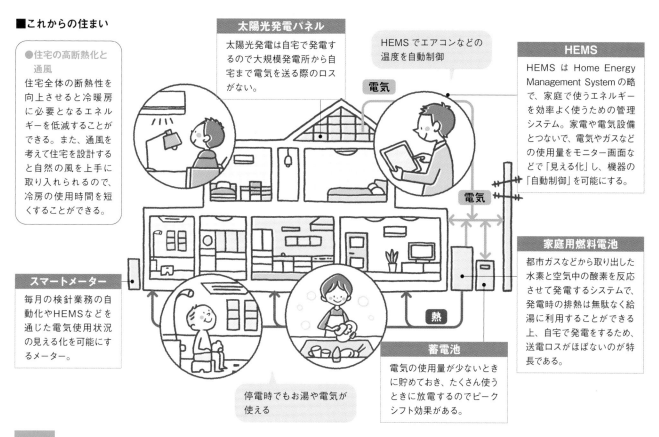

●住宅の高断熱化と通風
住宅全体の断熱性を向上させると冷暖房に必要となるエネルギーを低減することができる。また、通風を考えて住宅を設計すると自然の風を上手に取り入れられるので、冷房の使用時間を短くすることができる。

太陽光発電パネル
太陽光発電は自宅で発電するので大規模発電所から自宅まで電気を送る際のロスがない。

HEMSでエアコンなどの温度を自動制御

電気

HEMS
HEMSはHome Energy Management Systemの略で、家庭で使うエネルギーを効率よく使うための管理システム。家電や電気設備とつないで、電気やガスなどの使用量をモニター画面などで「見える化」し、機器の「自動制御」を可能にする。

電気

家庭用燃料電池
都市ガスなどから取り出した水素と空気中の酸素を反応させて発電するシステムで、発電時の排熱は無駄なく給湯に利用することができる上、自宅で発電をするため、送電ロスがほぼないのが特長である。

スマートメーター
毎月の検針業務の自動化やHEMSなどを通じた電気使用状況の見える化を可能にするメーター。

熱

蓄電池
電気の使用量が少ないときに貯めておき、たくさん使うときに放電するのでピークシフト効果がある。

停電時でもお湯や電気が使える

2 燃料電池のしくみ

水に電気を流すことにより水素と酸素に分解するのが電気分解。その反対で水素と酸素を化学反応させることにより電気と水をつくるのが燃料電池。燃料電池の反応は発熱反応であり、水と電気とともに熱が発生する。

家庭用燃料電池は、燃料（都市ガス、LPガス、灯油など）から取り出した水素と、空気中の酸素を反応させる。

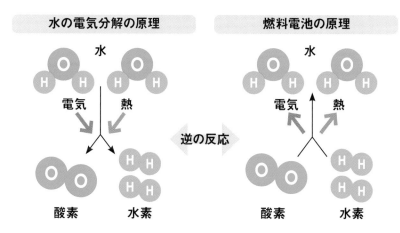

水の電気分解の原理
水
電気　熱
逆の反応
酸素　水素

燃料電池の原理
水
電気　熱
酸素　水素

児童用ワーク3Qの解答

1：②都市ガス
2：エネルギーを無駄なく使え（＊）、地球温暖化防止の役に立つから
3：燃料電池自動車や家庭用燃料電池のほか、大規模発電、潜水艦、スペースシャトル、携帯電話など、幅広く応用されている。

（＊）大規模発電所では、発電時に出る熱は海や大気中に捨てられている。一方、家庭用燃料電池は使うその場で発電するので、発電時の熱を利用してお湯をつくることができるため、エネルギー利用効率が高くCO$_2$排出量を削減することができる。また、各家庭の電気やお湯の使用パターンを学習し、暮らし方にあわせて、もっとも省エネになるように、自動で運転することができる。

これからの省エネルギー

1 これからの住まい

ちょっと先の未来の家はどんなふうになっているのかな？
いろいろな技術を組み合わせて、ネットワークでつながることで、
むだなく使う工夫ができているよ。それぞれの機器にはどんな役割があるんだろう？

2 HEMS（ホームエネルギーマネージメントシステム）

HEMS とは、家庭で使うエネルギーを上手に使うための管理システムだよ。
機器やスマートメーターなどとつながっていて、電気やガスなどの使った量が画面でわかりやすく見えるよ。

画像提供：東京ガス株式会社

みんなはHEMSで何を見てみたい？

3 燃料電池（エネファーム）の仕組み

燃料電池（エネファーム）は、水素と酸素を化学反応させて電気をつくり、
そのとき生まれた熱でお湯を一緒につくりだすよ。
エネルギーをむだなく使えるから、省エネだよね。

最近、燃料電池って
よく聞くニャ!!
環境にもよいって
言うけどどうしてだろう??

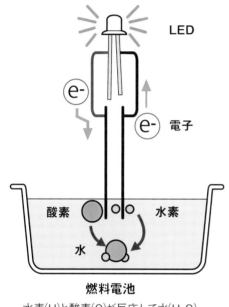

LED

e-

e- 電子

酸素　　　水素

水

燃料電池

水素(H)と酸素(O)が反応して水(H₂O)
になり，そのとき電気が発生する。

Q 燃料電池ってどんなもの？

1 家庭で使う燃料電池の「水素」は、主に何から作れる？

　①電気　　②都市ガス・LPガス　　③ダイヤモンド

2 燃料電池のよいところは？

　(　　　　　　　　　　　　　　　　　　　)

3 燃料電池の技術は、どんなところで使われているかな？

　(　　　　　　　　　　　　　　　　　　　)

4 未来の暮らし

未来の暮らしはどんな風にかわっているのか、どんな技術や取り組みがあったら省エネができるか考えてみよう。

⑰ 昔の暮らしのよいところ

学習のねらい
・機器の省エネ化が進む一方で無駄の多い暮らし方をしていることに気づく。
・昔の暮らしから今の暮らしに取り入れられる省エネについて考え、実践する意欲をもつ。

展開事例（45分）

学習活動	○指導上の留意点　※参考資料
昔と今の暮らしから、エネルギーの使い方を考えてみよう！	
1 暮らしの中のもったいないを探す（5分） ● もったいないと思うことを考え、発表する。 [個人検討⇒ペア検討⇒全体検討]	○もったいないについて説明し、身近な事例を発表させる。 ※児童用ワーク**1**、教師用資料**1**
小さくなった鉛筆捨てちゃったな　電気つけっぱなしで寝ちゃったよ　途中までしか使ってないノートがたくさんある	
2 昔の暮らしと今の暮らしを比べてみる（10分） ● 調理とお風呂について、昔と今の変化を考える。 [全体検討]	○昔の暮らしを説明し、今の暮らしとの違いを考え、機器の省エネ化が進む一方で無駄の多い暮らし方をしていることに気づかせる。 ※児童用ワーク**2**、教師用資料**2**
3 私たちにできることを考える（15分） ● 昔の暮らし、今の暮らしに取り入れたいことをグループで話し合って書き込む。 [個人検討⇒グループ検討]	○調理とお風呂を例に表の書き方を説明し、他の事例に展開させる。 ※児童用ワーク**3**、教師用資料**2**
4 振り返り（15分） ● グループごとにまとめたものを発表する。 [全体検討]	○今の暮らしに取り入れたいことを中心に発表させる。 ※児童用ワーク**3**

Point 「アクティブ・ラーニング」のポイント

　暮らしの中のもったいないを探し、昔の暮らしと今の暮らしを比べ、「昔の暮らし」から「今の暮らし」に取り入れたいことをグループで話し合い、昔と今に関する情報を収集し、比較分析するといった個人作業に終始しがちな学習内容を、他者との協働に広げることで、深い学びと実践力につなげることができる。

授業のヒント

　教師用資料**2**を活用して、例えば「七輪を使ってお餅を焼いて食べる」といった実践をすると、火を使うテーマと関わらせることができ、生活科の授業としても展開できる。また、3年生の社会科の「昔の暮らし」の授業で、道具を通して、エネルギーに着目して「エネルギーの歴史」をたどり、省エネ行動の実践力を育てる授業づくりができる。

もったいない

　古くから日本で使われてきた言葉だが、最近では、2004年12月10日に「持続可能な開発、民主主義と平和への貢献」として、環境分野の活動家としては史上初のノーベル平和賞を受賞したケニア出身のワンガリ・マータイ氏（1940～2011年）が取り上げ、世界へ広めようとして有名になった。

　「もったいない」の本来の意味は、「物の価値を十分に生かし切れておらず無駄になっている」状態、またはそのような状態にしてしまう行為を戒める意味で使用される単語であり、自然や物に対する尊敬の念が込められている。

2 昔の暮らしと今の暮らし～道具の変遷～

	1930年代	1970年代	現在	エネルギー
調理	七輪　おひつ	炊飯器　トースター	電子レンジ　システムキッチン	ガス・電気
洗濯	たらい	電気洗濯機	乾燥機つき全自動洗濯機	電気・ガス
暖房	火鉢　掘りごたつ（炭）	電気こたつ　ストーブ	エアコン　床暖房	ガス・灯油電気
冷房	うちわ	扇風機	ルームエアコン	電気
食べ物の保存	冷蔵庫（氷式）	電気冷蔵庫	電気冷蔵庫・電気冷凍庫	電気
お風呂	行水（夏）　銭湯	銭湯→家庭用風呂（まき→ガス）	全自動風呂	ガス・灯油電気
その他	ラジオ	テレビ（白黒→カラー）	スマートフォン　パソコン	電気

昔の暮らしのよいところ

1 暮らしの中のもったいない

みんなは「もったいない」って思うことないかな？
自分の暮らしの中の「もったいない」を探して、友達と話してみよう。

昨日、ご飯、食べ残しちゃった。これって「もったいない」ワン！

自分が見つけたこと

友達が見つけたこと

2 昔の暮らしと今の暮らし

調理の昔と今

昔はかまどで調理をしていたよ。まきや炭で火をおこすことから始め、調理中にはまきの量で火を調節しなければならなくて大変な仕事だったんだ。昔の台所は床にしゃがんで煮たきをしていたんだ。1日3回食事をつくるのはとっても大変だったから、まきや炭をむだにせず、食べ物も水もむだなく上手に使っていたよ。

お風呂の昔と今

昔はお風呂のある家はごくわずかで、ほとんどの人は銭湯（お風呂やさん）に通っていたんだ。家にあるお風呂も、昭和のはじめ頃はまきでお湯をわかしていたよ。もちろんシャワーもなかったよ。水をくんでくるのもお湯をわかすのもとっても大変だったから、お風呂に続けて入ったり、湯船のお湯を上手に使って頭や体を洗ったんだよ。

昔　今

かまど　ガスコンロ

昔　今

お風呂（まき）　ガス給湯器

おじいちゃんや
おばあちゃん、
近所のおとしよりの人に
話を聞いてみよう

3　わたしたちにできること

昔の暮らしは大変だったけど、ものを大切に使いたくさんの工夫をしていたよ。
昔のよかったところを取り入れて今の暮らしにつなげることはできるのかな？

	昔の暮らし	今の暮らしに取り入れたいこと
調理		
お風呂		
暖房		
冷房		
その他		

省エネ成績表

せいせきひょう

ワークシート

● **自分の省エネ行動をチェックしてみよう。空欄には自分の工夫を書いてみよう！**

	実行した省エネ行動 （◎いつもしている、○たまにしている、△これからする）	1回目 ／	2回目 ／	3回目 ／
バスルーム 洗面所	1日、1人、1分シャワーを短縮する			
	お風呂のふたはこまめに閉める			
	歯みがき中、水の流しっぱなしをやめる			
キッチン	なべを火にかけるときにはふたをする			
	なべ底から炎をはみ出さない			
	冷ぞう庫にものをつめすぎない			
生活	こまめに部屋の電気を消す			
	テレビを見る時間を1日1時間短くする			
	マイバッグを持ち歩く			
冷房 暖房	冷房・暖房は必要なときだけつける			
	夏はすずしい服装、冬はあたたかい服装ですごす			
	夏の室温のめやすは28℃、冬の室温のめやすは20℃にする			
	◎の数			

ふりかえり	
1回目	
2回目	
3回目	

| 年 | 組 | 番 | 名前 | | 月 | 日 |

●どこまで学習できたかな？？

	学習の内容 (◎よくできた、○できた、△もう少し)	／
1	家の中で使っているエネルギーについて知り、省エネが生活の中でできることが分かる	
2	エネルギーには限りがあることを理解し、省エネ行動の大切さに気づく	
3	地球温暖化の原因とその影響について理解し、自分の考えをまとめ、伝えることができる	
4	メーターや検針票からエネルギー使用量に関心をもち、省エネが節約につながることに気づく	
5	夏にできる省エネ行動を理解し、実際に夏をすずしく過ごす工夫ができる	
6	冬にできる省エネ行動を理解し、実際に冬をあたたかく過ごす工夫ができる	
7	お湯をつくるしくみを理解し、お湯を上手に使う工夫ができる	
8	電気を上手に使うことが省エネにつながることを知り、家電製品を上手に使う工夫ができる	
9	消費電力や待機電力について理解し、自分たちにできる省エネ行動に取り組むことができる	
10	省エネラベルについて理解し、太陽光発電や家庭用燃料電池の省エネ性に気づく	
11	食事と環境問題の関わりを知り、エコ・クッキングについて理解できる	
12	エコ・クッキングによる省エネの方法と効果を理解し、調理することができる	
13	ごみ問題と省エネの関係について関心をもち、ごみを減らす工夫をすることができる	
14	限られた水資源について理解し、実際に水を大切に使い汚さない工夫をすることができる	
15	火の歴史や燃焼のしくみを理解し、火を正しく上手に使うことができる	
16	HEMSや燃料電池などについて理解し、未来の暮らしを考えることができる	
17	自分たちの暮らしの中の「もったいない」を見つけ、省エネ行動を実践することができる	

ふりかえり

発行

日付

編集後記（へんしゅうこうき）

年　　組　　番　　名前　　　　　　　　　　　　　月　　日

レシピ名

材料

エコポイント

つくり方

ふりかえり

月　　日

年　　組　　番　　名前

ふりかえり

月　　日

年　　組　　番　　名前

用 語 の 説 明

【SDGs】

SDGs（持続可能な開発目標）とは、2001年に策定された MDGs（ミレニアム開発目標）の後継として、2015年9月の国連サミットで採択された「持続可能な開発のための2030アジェンダ」にて記載された2016年から2030年までの国際目標のこと。持続可能な世界を実現するための17のゴールと169のターゲットから構成され、地球上の誰一人として取り残さない（leave no one behind）ことを誓っている。SDGs は発展途上国のみならず、先進国自身が取り組むユニバーサル（普遍的）なものであり、日本においても積極的な取り組みが始まっている。

【主体的・対話的で深い学び（アクティブ・ラーニング）】

教員による一方向的な講義形式ではなく、発見学習、問題解決学習、体験学習、調査学習等、学習者の能動的な活動を取り入れた教授・学習法の総称。グループ・ディスカッション、ディベート、グループ・ワークなども有効であり、多岐にわたる。知識の習得のみならず、思考力・判断力・表現力等や、主体性を持って多様な人々と協働する態度を養うのに有効な手法である。

【OECDのキー・コンピテンシー】

OECD（経済協力開発機構）が1997年から実施してきたDeSeCoプロジェクトで提示した概念（図1）。このうち「相互作用的に道具を用いる」能力の一部を測定可能にしたものがPISAリテラシー（数学的リテラシー、科学的リテラシー、読解リテラシー）である。世界的に大きな影響力を持ち、日本でも「PISA型学力」と称され、2007年から「全国学力・学習状況調査」を実施。その結果が出るたびにマスコミに注目されている。

図1　キー・コンピテンシー

1. 相互作用的に道具を用いる
   - A 言語、シンボル、テクストを相互作用的に用いる
   - B 知識や情報を相互作用的に用いる
   - C テクノロジーを相互作用的に用いる
2. 異質な集団で交流する
   - A 他人といい関係を築く
   - B 協力する、チームで働く
   - C 争いを処理し、解決する
3. 自律的に活動する
   - A 大きな展望の中で活動する
   - B 人生計画や個人的プロジェクトを設計し実行する
   - C 自らの権利、利害、限界やニーズを表明する

出典：ドミニク・S・ライチェン、ローラ・H・サルガニック／立田慶裕監訳（2006）『キー・コンピテンシー ～国際標準の学力をめざして～』明石書店より作成

ゲームで学ぶ省エネ行動

ゲームを通じて、衣・食・住生活で取り組める省エネ行動について学べる教材があります。
各単元の導入やまとめなどでご活用ください。

省エネ 健康 快適　エコな住まい方すごろく

- ■杉浦淳吉 監修
- ■定価　2,200円（本体2,000円）
- ■ A2サイズゲームボード／ルールBOOK／住宅リフォームカード／活用読本／ポイント計算表・ふり返りシート／サイコロ／コマ

● 「省エネ・健康・快適　エコな住まい方すごろく」では、ゲームを楽しみながら、住環境のかかえる問題点や改善方法を知り、リフォームや省エネ行動が、住環境や地球環境にどのような影響を与えるかを疑似体験します。
● ワークシートなど授業に必要な物は全て入っており、ルールも簡単！すぐに遊べます。
● 活用読本は住生活の授業で安心してお使いいただけるように板書例や授業で使える解説・資料が豊富に掲載されています。

住宅リフォームカード　　　　　ゲームボード

活用読本

エコな買い物＆調理カード

- ■長尾慶子 監修／三神彩子・赤石記子・飯村裕子 制作
- ■定価　2,200円（本体2,000円）
- ■エコな買い物ゲームカード／エコな調理ゲームカード／レシピ（カレーライス・オムライス）／記入用紙（領収書・レシピカード）／活用読本

● 家庭科の「消費生活と環境」「食生活」の導入学習に最適なカードゲームです。
● 「エコな買い物ゲーム」では，よく家庭で作られるカレーライスとオムライスの材料を環境に配慮して購入する疑似体験を通してグリーンコンシューマーについて考えます。
● 「エコな調理ゲーム」では，環境に配慮し調理するエコ・クッキングのアイデアを学びます。
● 活用読本には授業で使えるよう，ルールだけでなく解説・資料も豊富に掲載されています。

活用読本　　　　エコな買い物ゲーム　　　エコな調理ゲーム

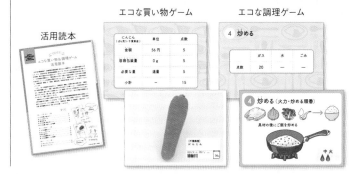

著作関係者

＜省エネ行動スタートBOOK 新版ワーキンググループ＞

主査……………… 松葉口玲子　　　横浜国立大学　教育学部　教授
委員……………… 辻優輝　　　　　一般社団法人日本ガス協会　係長
　　　　　　　　　三神彩子　　　　東京ガス株式会社　都市生活研究所　所長／東京家政大学　非常勤講師
　　　　　　　　　久米村秀明　　　東京ガス株式会社　都市生活研究所　主任研究員
　　　　　　　　　笹岡恵梨　　　　東京ガス株式会社　都市生活研究所　研究員
企画・監修……… 東京ガス株式会社　都市生活研究所　https://www.toshiken.com/
レシピ監修……… 赤石記子　　　　東京家政大学　栄養学部　准教授
協力……………… 暮らし創造研究会　https://kurashisozo.jp/　　　　　　　　　　　　　　　所属は2023年4月現在

※エコ・クッキングは東京ガスの登録商標です。

※以下は旧版著作関係者

＜省エネ行動スタートブック初版ワーキンググループ＞
監修・製作 ……… 省エネ行動スタートBOOK編集委員会
協力……………… 暮らし創造研究会　暮らしの意識・行動研究部会
　　　　　　　　　省エネルギー行動研究会

〈省エネ行動スタートBOOK 編集委員会〉
委員長…………… 松葉口玲子　　　横浜国立大学　教育人間科学部　教授
副委員長………… 岩瀬正幸　　　　共立女子大学　非常勤講師／元神奈川県小学校教諭
委員……………… 天野晴子　　　　日本女子大学　家政学部　教授
　　　　　　　　　工藤由貴子　　　横浜国立大学　教育人間科学部　教授
　　　　　　　　　小玉敏也　　　　麻布大学　生命・環境科学部　教授
　　　　　　　　　棚橋乾　　　　　東京都小学校校長／東京都小中学校環境教育研究会会長
　　　　　　　　　鶴崎敬大　　　　株式会社　住環境計画研究所　研究所長
　　　　　　　　　富岡繁　　　　　一般社団法人　日本ガス協会　課長
　　　　　　　　　長尾慶子　　　　東京家政大学大学院　人間生活学総合研究科　客員教授
　　　　　　　　　中川壮一　　　　消費者教育支援センター　総括主任研究員
　　　　　　　　　藤本ひろみ　　　山梨県東京事務所　主事
　　　　　　　　　三神彩子　　　　東京ガス株式会社　主幹／東京家政大学　ヒューマンライフ支援センター　専門員
　　　　　　　　　山川文子　　　　エナジーコンシャス　代表／東京都地球温暖化防止活動推進センター　顧問　　所属は2016年3月現在

〈省エネ行動スタートBOOK 改訂ワーキンググループ〉
主査……………… 松葉口玲子　　　横浜国立大学教育学部　教授
委員……………… 岩瀬正幸　　　　共立女子大学　非常勤講師／元神奈川県小学校教諭
　　　　　　　　　小笠原真志　　　一般社団法人　日本ガス協会　課長
　　　　　　　　　長久保貴志　　　独立行政法人住宅金融支援機構　調査役
　　　　　　　　　三神 彩子　　　東京ガス株式会社　主幹／東京家政大学 非常勤講師・ヒューマンライフ支援センター専門員
協力……………… 赤石記子　　　東京家政大学　家政学部　講師　　　　　　　　上山史子　　　島根県小学校教諭
　　　　　　　　　荒木葉子　　　新渡戸文化短期大学　生活学科　准教授　　　宇野弘恵　　　北海道小学校教諭
　　　　　　　　　笹原麻希　　　新渡戸文化短期大学　生活学科　助手　　　　大谷雅昭　　　群馬県小学校教諭
　　　　　　　　　飯村裕子　　　常磐大学　人間科学部　助教　　　　　　　　尾形正貴　　　宮城県小学校教諭
　　　　　　　　　奈良英代　　　藤女子中学校・高等学校　教諭　　　　　　　北村静香　　　長野県小学校教諭
　　　　　　　　　松澤正仁　　　愛媛県小学校校長　　　　　　　　　　　　　新納昭洋　　　岡山県小学校教諭
　　　　　　　　　古川光弘　　　兵庫県小学校教頭　　　　　　　　　　　　　日置敏雅　　　愛知県小学校教諭
　　　　　　　　　阿曽奈生　　　兵庫県小学校教諭　　　　　　　　　　　　　松浦博孝　　　大阪府小学校教諭
　　　　　　　　　新井英範　　　神奈川県小学校教諭　　　　　　　　　　　　宮内有加　　　東京都小学校教諭
　　　　　　　　　今永克明　　　大分県小学校教諭　　　　　　　　　　　　　矢田美恵子　　神奈川県小学校教諭
　　　所属は2018年10月現在

表紙・本文デザイン　原田敏子

新版　省エネ行動スタートBOOK

2023年5月30日　　初版発行

編著者　　　　●松葉口玲子　三神彩子
発行者　　　　●岩塚太郎
発行所　　　　●開隆堂出版株式会社
　　　　　　　〒113-8608　東京都文京区向丘1-13-1
　　　　　　　TEL 03-5684-6116（編集）　https://www.kairyudo.co.jp/
印刷所　　　　●壮光舎印刷株式会社
発売元　　　　●開隆館出版販売株式会社
　　　　　　　〒113-8608　東京都文京区向丘1-13-1
　　　　　　　TEL 03-5684-6118　振替 00100-5-55345

ISBN 978-4-304-02191-6

ISBN978-4-304-02191-6
C3037 ¥1600E

定価 1,760円 (本体1,600円) BC

9784304021916

1923037016006